秦始皇传

欧阳絮 ◎ 著

中国友谊出版公司

图书在版编目（CIP）数据

秦始皇传 / 欧阳絮著 . —— 北京：中国友谊出版公司，2025.3. —— ISBN 978–7–5057–6082–0

Ⅰ . K827=33

中国国家版本馆 CIP 数据核字第 20254MN796 号

书名	秦始皇传
作者	欧阳絮
出版	中国友谊出版公司
发行	中国友谊出版公司
经销	新华书店
印刷	大厂回族自治县德诚印务有限公司
规格	880 毫米 ×1230 毫米　32 开 6.5 印张　110 千字
版次	2025 年 3 月第 1 版
印次	2025 年 3 月第 1 次印刷
书号	ISBN 978–7–5057–6082–0
定价	59.00 元
地址	北京市朝阳区西坝河南里 17 号楼
邮编	100028
电话	(010) 64678009

前言

在浩瀚无垠的历史长河中,有这样一位君主,他如同矗立于群山之巅的巍峨巨峰,他的名字穿越了千年的风尘,依旧在后世人的心中回响,他就是被无数史家与文人墨客誉为"千古一帝"的秦始皇——嬴政。作为中国历史上首位完成华夏大一统的铁腕人物,秦始皇凭借超凡的政治智慧与军事才能,将长期分裂的诸侯国紧紧凝聚成一个前所未有的多民族中央集权国家。

秦始皇的一生,是传奇与争议交织的壮丽史诗。他生于战国末年,正值诸侯割据、战乱频仍的年代。自幼历经坎坷,目睹了国家的动荡与民生的疾苦,这些经历深深烙印在他的心中,也铸就了他坚韧不拔、胸怀天下的品格。年轻时的嬴政,凭借过人的才智和果敢的决断,一步步从秦国公子成长为掌握实权的秦王。登基之后,他面对的是一个内忧外患、积贫积弱的秦国,但他并未退缩,而是以惊人的胆识和魄力,对内实施一系列改革,对外采取远交近攻之策,逐步削弱并吞并六国,最终成就了华夏大地的统一大业。

I

统一六国后，秦始皇并未满足于眼前的成就，他深知要巩固这来之不易的局面，必须进行更深层次的改革。于是，他废除分封制，推行郡县制，将国家划分为若干郡县，由中央直接任命官员管理，从而大大加强了中央集权。同时，他还确立了三公九卿制度，使得国家机器运转更为高效有序。在经济、文化领域，他统一度量衡、货币和文字，促进了各地的经济交流和文化融合，为后世的经济繁荣和文化传承奠定了基石。在思想方面，尽管秦始皇的"焚书坑儒"之举历来争议不断，但从另一视角审视，这也反映了他统一思想、强化文化控制的迫切愿望。尽管手段极端，但在一定程度上也推动了文化的整合与统一。

然而，秦始皇的统治并非只有辉煌与成就，背后也隐藏着深刻的矛盾与冲突。为了巩固皇权，他采取了极为严苛的统治手段，大兴土木，修建长城、阿房宫等庞大工程，劳民伤财，加剧了社会矛盾。同时，对异己思想的打压，也引起了广泛的不满和反抗。这些举措虽然在一定程度上维护了帝国的稳定，但也埋下了帝国崩溃的隐患。秦朝的短暂寿命，以及随后爆发的农民起义，都在一定程度上反映了秦始皇统治下的社会矛盾和民众的不满。

尽管如此，秦始皇的历史地位依然不可撼动。他的统一大业，不仅结束了长期以来的战乱割据，为后世的和平发展创造了条件，更在文化、经济、政治等多个领域产生了深远的影响。万里长城的雄伟壮观，不仅是军事防御的杰作，更是中华民族坚韧不拔、勇于抗争精神的象征；秦始皇陵的神秘莫测，则以其宏大的规模、精湛的工艺和丰富的陪葬品，展现了秦代文明的辉煌与灿烂，成为研究中国古代历史、文化、艺术不可多得的宝贵资料。

本书旨在通过生动翔实的笔触，全面而深入地还原这位传奇君主的一生，从秦始皇的出生、成长背景讲起，追溯他如何在乱世中崛起，最终成为一统天下的帝王；接着，将详细描绘他统一六国的艰难历程，以及统一后所实施的一系列政治、经济、文化改革，展现他作为一位杰出政治家的远见卓识和非凡才能；同时，不会回避他统治中的争议与失误，力求客观公正地评价他的功过是非。

在撰写过程中，力求做到史料翔实、论述严谨，同时也不乏生动的叙述和深刻的剖析，希望读者在了解历史事实的同时，也能感受到那个时代的波澜壮阔和秦始皇个人的传奇色彩；让读者更加全面地认识秦始皇这个历史人物，理解他的治国理念、政治智慧以及他所面临的复杂局面和艰难抉择；同时，也希望读者能从秦始皇的传奇人生中汲取智慧与启示，作为当下的生活和工作有益的借鉴。

让我们一起翻开这本书，走进那个英雄辈出的时代，探寻那位曾经屹立于历史巅峰的传奇君主,聆听那段尘封已久的历史回响。在字里行间,感受秦始皇个人的喜怒哀乐、悲欢离合,体会那个时代的社会变迁、文化交融以及民族精神的觉醒。通过这本书,我们或许能更加深刻地理解"千古一帝"的真正含义,以及他在中国历史乃至世界历史上的重要地位。

目录

第一章 幼年磨砺：乱世中的王者雏形

出生赵国，质子之子 // 003

童年流离，坚韧不拔 // 008

回归秦国，继承王位 // 012

年幼登基，权臣当道 // 017

吕不韦的辅佐与教育 // 021

第二章 独揽大权：亲政之路的荆棘与荣耀

成蛟之乱，宫廷动荡 // 029

嫪毐野心膨胀，危机四伏 // 033

罢免吕不韦，集权进一步加强 // 037

间谍郑国事件，巩固国防 // 042

茅焦谏秦王，获重用化危机 // 046

重用尉缭，重整战略部署 // 050

李斯崭露头角，得嬴政赏识 // 053

吕不韦自尽，宫廷风云变幻 // 059

赵姬退隐，宫廷风波平息 // 062

第三章　六合归一：一统天下的壮阔史诗

嬴政全面掌权，改革蓄势待发 // 069

战略部署，远交近攻 // 074

韩国覆灭，统一初战告捷 // 078

灭赵之战，李牧之死 // 083

燕国挑衅，荆轲刺秦 // 087

魏国终结，水淹大梁 // 092

征服楚国，王翦的持久战 // 096

齐国不战而降，统一大业完成 // 102

第四章 帝国构建：中央集权的巩固与发展

皇帝制度的创立，始皇帝的尊号 // 109

废分封，立郡县，加强中央集权 // 112

统一度量衡、货币与文字，促进交流 // 115

修建驰道与直道，加强交通联系 // 119

巡游四方，加强中央对地方的控制 // 123

焚书坑儒，思想控制的双刃剑 // 131

修筑长城，抵御外敌入侵 // 135

大建宫殿陵墓，帝国辉煌的象征 // 139

第五章 晚年迷思：追求长生不老的幻灭

迷恋长生，徐福东渡寻仙药 // 145

卢生的谎言与逃亡 // 149

扶苏与蒙恬，未来的希望与挑战 // 152

沙丘之变，秦始皇突然离世 // 156

赵高的阴谋与李斯的妥协，帝国危机四伏 // 160

第六章　帝国余晖：秦朝的崩溃与历史的反思

胡亥继位，暴政加剧 // 165

陈胜吴广起义，农民战争爆发 // 168

六国复辟，秦朝孤立无援 // 171

项羽与刘邦崛起，秦朝终结 // 175

帝王一生，功过参半 // 178

附录一：秦始皇年表：重要事件与时间线 // 183

附录二：秦国重要历史人物介绍 // 187

附录三：战国末年其他国重要历史人物介绍 // 191

第一章

幼年磨砺：乱世中的王者雏形

出生赵国,质子之子

> 赵国邯郸城,一个婴儿呱呱坠地,身为质子之子,未来之路注定布满荆棘。

公元前259年正月,赵国邯郸城,雪花漫天飞舞,轻盈地覆盖在古老的城墙上,为这座历经沧桑的城市披上了一层洁白的纱衣。寒风凛冽,如刀割般刺骨,街巷间行人稀少,只有偶尔传来的马蹄声和孩童的嬉戏声,在这寂静的冬日中回荡。在中街以东,丛台西南的朱家巷一带,一座古朴的老宅内,烛光摇曳,温暖而昏黄的光芒映照着赵姬那张疲惫却又充满希望的脸庞。

赵姬,这位秦国王室之后,此刻正紧握着双手,额头渗出细密的汗珠，眼中闪烁着母性的光辉。随着一阵清脆而有力的婴儿啼哭，中国历史上第一位皇帝的传奇人生就此拉开了序幕。这哭声，仿佛穿越了时空的界限，预示着未来那波澜壮阔的历史画卷将由此展开。

接生婆满脸喜色，快步走到床榻边，对赵姬说道："恭喜夫人，贺喜夫人，这男孩日后必定是位成大器的贵人。"赵姬勉强挤出一丝微笑，眼神中却难掩忧虑。她深知，在这乱世之中，身为质子之子，未来之路注定布满荆棘。她轻轻抚摸着婴儿稚嫩的脸庞，心中五味杂陈，既有初为人母的喜悦，也有对未来未知的恐惧与担忧。

婴儿呱呱坠地，正月出生，因此得名政。嬴政，这个名字仿佛预示着他将来要赢得的胜利与政权。在这个动荡不安的时代——公元前481年至公元前222年间，诸侯割据，战火纷飞。一百多个诸侯国中，最终崛起了秦、齐、楚、魏、韩、赵、燕七大强国，史称"战国七雄"。其中，秦国实力最为雄厚，其君主秦昭王（秦昭襄王）在位时，通过征服巴、蜀、汉中、上郡、河东、陇西、南郡、黔中、南阳、北地等十郡，构建起了庞大的秦国版图，其疆域已远超其余六国之和，占据了争霸的先机。

面对秦国的强势崛起，其余六国选择了联合抗秦，史称"合纵"。然而，秦国并未坐视不理，而是采取了"连横"

之策,通过与某一国结盟,分化瓦解六国的联盟,逐一击破。七国间的战争愈演愈烈,无数生命在这场残酷的较量中消逝。

秦昭王(公元前307年即位)在位期间,运用远交近攻的外交智慧,进一步增强了秦国实力。为了巩固与赵国的关系,他甚至将自己的孙子异人,即秦国太子安国君之子、嬴政的父亲,送往赵国作为人质。然而,异人并非安国君的嫡长子,且其母夏姬在宫中并不受宠,异人在秦国本就地位不高,因此成为秦昭王用来示好赵国的牺牲品。

异人在赵国的日子并不好过,饮食起居简陋,行动受限,时常受到冷遇与欺凌。然而,他心中始终怀揣着对权力的渴望与对自由的向往。每当夜深人静之时,异人便会仰望星空,默默祈祷,希望有一天能重返秦国,一展宏图。他的心中充满了对未来的憧憬与期待,也充满了对现实的无奈与苦涩。

而这一切,都被一位精明的商人看在眼里。阳翟富商吕不韦,一个善于洞察时局、把握机遇的人。他看到了异人身上的潜在价值,认为这是一次可以改变自己命运甚至影响国家走向的良机。于是,吕不韦决定出手相助,他要赌上自己的全部身家,去搏一个未来。

吕不韦带着重金与珠宝,秘密来到赵国,求见异人。在一间简陋的客舍中，两人相对而坐。吕不韦开门见山地说："我能光大公子的门第！"异人听后，心中虽有所动，但更多的是疑惑与戒备。他盯着吕不韦，试图从对方的眼神中寻找答案。吕不韦的眼神坚定而深邃，仿佛能洞察人心。

吕不韦看出了异人的疑虑，于是缓缓讲起了自己的计划。

他分析了秦国的局势，指出了异人面临的困境与机遇。他说："昭王年事已高，安国君继位后，公子作为庶子，很难有出头之日。但如果能得到华阳夫人的支持，成为嫡嗣，那么未来就有可能继承秦国王位。"吕不韦的话语充满了诱惑与希望，让异人的心中燃起了一团火焰。

异人的眼睛渐渐亮了起来，他仿佛看到了一线希望。他恳求吕不韦帮助自己实现这个梦想。

吕不韦爽快地答应了，并开始了周密的筹划。他利用自己的财富与人脉，为异人重塑形象、广结好友；同时，又精心挑选了贵重珠宝，作为拜访华阳夫人的礼物。吕不韦深知，这一步棋极为关键，它将决定异人的未来，也将决定自己的命运。

在接下来的日子里，吕不韦四处奔波，游说各方势力。凭借着三寸不烂之舌与过人的胆识，他成功地说服了华阳夫人支持异人。华阳夫人被吕不韦的诚意与智慧打动，她决定在安国君面前为异人说好话，让他成为嫡嗣。

终于，在公元前251年，命运的轮盘开始转动。随着秦孝文王的继位和华阳夫人的鼎力支持，异人的地位得到了显著提升。在吕不韦的精心策划与帮助下，异人成功返回秦国，并被立为太子。

童年流离，坚韧不拔

> 流亡的日子，让他明白了权力的重要，也懂得了如何运用智慧与谋略，去争取属于自己的未来。

嬴政的童年，仿佛是一幅被风雨侵蚀的古老画卷，每一笔都承载着动荡与流离的沉重。在那个战国纷争不断、烽火连天的年代，他并未在欢笑与祝福中出生，反而是在秦赵两国政治博弈的暗流中，悄然降临。这是一段历史的巧合，也是命运无情的玩笑，让这位未来的千古一帝，从一出生就注定是不平凡的。

赵姬带着年幼的嬴政，在赵国的土地上颠沛流离。他们的足迹，从金碧辉煌的宫殿，一步步踏向了简陋破败的茅屋。那些夜晚，寒风如刀，穿透了薄薄的篱笆墙，让人心生寒意，仿佛连空气都凝固了。然而，在这冰冷的夜色中，赵姬却如同一盏不灭的灯火，用她那温暖的怀抱和坚定的眼神，为嬴政撑起了一片天空。在昏暗的油灯下，她那灵巧的手为嬴政缝制着衣物，每一针每一线都蕴含着深深的母爱和对未来的无尽期许。她轻声细语地对嬴政说："孩子，你是秦国的血脉，是未来的希望。无论前路多么坎坷，都要坚强地活下去，因为你有属于你的使命。"

在赵姬的悉心教导下，嬴政的童年虽然布满了荆棘，却也绽放着知识的花朵。赵姬深知，教育才是改变命运的关键。她不仅亲自教授嬴政识字读书，更将秦国的辉煌历史、英雄事迹娓娓道来，那些激昂的故事如同种子，深深植根于嬴政幼小的心田，激发了他对秦国的热爱和对权力的渴望。每当夜幕降临，简陋的书桌前总能看到嬴政的身影，他手捧竹简，眼眸中闪烁着对未知世界的渴望，那份对权力的执着和对胜利的向往，如同春天的嫩芽，在无声中悄然生长。

然而，命运似乎总爱捉弄人。公元前257年，秦国与赵国交战，邯郸城瞬间被战火硝烟笼罩。赵姬带着嬴政，在乱军之中开始了生死逃亡。那是一段惊心动魄的旅程，每一步都充满了未知与危险。他们穿梭在熊熊燃烧的街道，耳边是震耳欲聋的喊杀声，眼前是不断倒下的身影。赵姬紧紧握住赢政的手，他们的心跳在这一刻仿佛融为一体，每一次跳动都是对生存的渴望。在一次逃亡中，赢政不慎摔倒，膝盖被尖锐的碎石划破，鲜血瞬间染红了他的衣襟。疼痛让他眉头紧锁，但他没有哭泣，只是咬紧牙关，在赵姬的搀扶下，一瘸一拐地继续前行。这一幕让赵姬的心如刀割，她的眼泪像断了线的珠子，无声地滑落。但她知道，自己不能倒下，因为她是赢政的支柱，而赢政是秦国的希望。

流亡的日子里，赢政经历了太多太多。他目睹了战争的残酷，看到了生命在瞬间消逝，家庭在战火中支离破碎。他感受到了人间的冷暖，体会到了人性的光辉与阴暗。这些经历，如同锋利的刻刀，在他的心灵上刻下了深深的痕迹，也铸就了他坚韧不拔的性格和超凡脱俗的智慧。他学会了在逆境中求生，学会了在绝望中寻找希望。他明白了权力的重量，也懂得了如何运用智慧与谋略，去争取属于自己的未来。

在那些漫长的夜晚，赢政总会静静地躺在简陋的床上，望着窗外的星空。他的心中充满了对未来的憧憬和对权力的渴望。他想象着自己有一天能够站在秦国的巅峰，统一六国，结束战乱，让天下百姓过上安宁的日子。这份梦想，如同夜空中最亮的星，指引着他不断前行，即使前路充满了未知与挑战。

就这样，赢政在动荡与流离中慢慢成长，他的心中燃烧着不灭的火焰,那是对未来的希望,也是对权力的执着。他知道,自己的路还很长,但无论前方有多少艰难险阻,他都将勇往直前,因为他是嬴政,是未来的帝王,是注定要改写历史的那个人。

回归秦国，继承王位

父亲登基，嬴政也结束了多年的流亡生涯，他开始如饥似渴地吸收各种知识，从治国理政到军事战略，从文化哲学到天文地理，无所不包。

公元前250年，秦国的天空仿佛被一层厚重的历史尘埃所遮蔽，随着秦孝文王的骤然离世，整个国家宛如一艘失去了舵手的巨轮，在波涛汹涌的政治海洋中摇摇欲坠。在这风云际会的关头，吕不韦，这位拥有超凡政治智慧与敏锐洞察力的智者，犹如一位高明的棋手，精心布局，巧妙运筹，导演了一场惊心动魄的权力更迭大戏。

在他的精心策划下，异人，这位在赵国颠沛流离多年的秦国公子，终于迎来了命运的转折，如同破晓的曙光穿透了漫长的黑夜，他被群臣簇拥着，踏上了回归秦国的荣耀之路，并被尊立为新的秦王，史称秦庄襄王。而嬴政，这位历经磨难的少年，也随之结束了多年的流亡生涯，他的命运之轮，从此刻起，开始缓缓转动，向着那未知的辉煌未来进发。

那一天，阳光透过稀疏的云层，斑驳地洒在邯郸城外那条古老而尘土飞扬的道路上。嬴政与母亲赵姬并肩坐在颠簸的马车上，他们的目光穿过车窗，凝视着这片曾给予他们庇护却又让他们饱经风霜的土地，心中涌动着复杂难言的情感。既有对未知未来的憧憬与忐忑，也有对过往岁月的深深怀念与不舍。马车缓缓前行，车轮与地面的摩擦声，伴随着马蹄的踢踏声，奏响了一曲离别的挽歌，尘土在阳光下起舞，仿佛在为这段艰辛的旅程画上句号。

经过数月长途跋涉，当咸阳那古老而雄伟的轮廓终于映入眼帘时，嬴政的心跳不禁加速。这座对他而言既陌生又熟悉的城市，承载着太多的荣耀与梦想。陌生的是那高耸的城墙、巍峨的宫殿，以及那熙熙攘攘、热闹非凡的市井生活；而熟悉的是那份流淌在血脉中的归属感，是对这片土地深深的热爱与自豪。他站在城门前，仰望着那仿佛直插云霄的城墙，心中涌起难以抑制的激动与豪情，仿佛整个世界都在这一刻为他敞开大门。

异人的登基大典，无疑是秦国近年来最为盛大的庆典。他对嬴政与赵姬的归来表现出了难以言表的喜悦与重视，这份情感不仅仅是对亲人重逢的欣慰，更是对过往亏欠的弥补。在朝堂之上，异人郑重宣布立嬴政为太子，并赐予他们无尽的赏赐与尊贵的地位。那一刻，嬴政站在朝堂的中央，四周是跪拜的群臣，他们的目光中既有敬畏也有期待。嬴政的心中五味杂陈，他深知这份荣耀背后所承载的责任与使命，也明白未来的道路将布满荆棘与挑战，但他已准备好，以无畏的勇气与智慧，去迎接属于自己的时代。

嬴政自幼便展现出了对知识的渴望与热爱，这份热爱如同荒漠中的绿洲，滋养着他幼小的心灵。在流亡的日子里，尽管条件艰苦，但他从未放弃过对知识的追求。赵姬，这位伟大的母亲，亲自教导他识字读书，讲述历史典故，培养他的治国理念。回到秦国后，嬴政更是如饥似渴地吸收着各种知识，他的书房里堆满了书籍，从治国理政到军事战略，从文化哲学到天文地理，无所不包，其中商鞅变法的内容也是嬴政的重点学习内容。他深知，只有不断学习，才能提升自己的能力，为将来的统治打下坚实的基础。他常常夜以继日地研读，那盏油灯下的身影，成为咸阳宫中最动人的风景。

商鞅变法，是战国时期秦国的一次重大政治、经济和社会改革，由卫国人商鞅在秦孝公的支持下于公元前356年至前350年实行。此次变法废除了井田制，确立了土地私有制，允许土地自由买卖，极大地激发了农民的生产积极性，促进了农业生产的发展。同时，商鞅还推行了重农抑商政策，奖励耕织，特别奖励垦荒，进一步夯实了秦国的经济基础。

在军事方面，商鞅废除了世卿世禄制，实行军功爵制，按军功大小授予爵位，这一制度极大地提高了秦军的战斗力，使得秦国在对外战争中屡战屡胜，领土不断扩张。此外，商鞅还推行了县制，将秦国划分为若干县，由国君直接委派县令进行管理，这一举措加强了中央集权，巩固了君主的统治地位。

为了维护社会秩序，商鞅实行了严酷的法治，颁布并实行魏国李悝的《法经》，增加连坐法，对违法行为进行严厉的惩罚。同时，他还改变了戎狄风俗，焚烧儒家经典，禁止游宦之民。这些措施虽然在一定程度上引起了社会的不满和反抗，但也为秦国的稳定和发展提供了有力保障。

商鞅变法使秦国迅速崛起为战国七雄之一，为后来统一六国奠定了坚实基础。然而，商鞅的结局却颇为悲惨，秦孝公去世后，他被公子虔指为谋反，最终战死并被车裂。尽管商鞅本人遭遇不幸，但他的变法思想和措施却对后世产生了深远影响，成为中国历史上一次重要的政治改革。

年幼登基，权臣当道

> 父亲在位仅三年便骤然离世，年仅十三岁的嬴政，将独自撑起这个庞大而复杂的帝国。

公元前247年的深秋，秦国的宫廷仿佛被一层厚重的历史阴霾所笼罩，空气中弥漫着一股压抑与不安的气息。秦庄襄王在位仅三年便骤然离世，留下了一个庞大而复杂的帝国，以及一个年仅十三岁、脸上还挂着几分稚气的少年——嬴政。在这个风起云涌、英雄辈出的时代，命运之神无情地将年少的嬴政推向了历史的舞台中央，他的登基，就像一场突如其来的秋日风暴，不仅搅动了秦国的政治格局，更在无数人的心中激起了层层涟漪。

登基大典的那一天，天空阴沉沉的，仿佛连老天爷也在为这位年轻君主的未来担忧。嬴政身着华丽的王袍，那繁复的图案在昏暗的光线中闪烁着神秘的光芒，头戴冕旒，十二旒珠轻轻摇曳，每一下都似乎在诉说着历史的传承与荣耀。他端坐在高高的王位之上，目光如炬，环视着下方跪拜的群臣与百姓，心中涌动着难以言喻的豪情壮志。那一刻，他仿佛看到了自己带领秦国横扫六国、一统天下的壮丽图景，暗暗发誓，定要用自己的智慧与勇气，书写一段前无古人的辉煌篇章。然而，这光鲜亮丽的背后，却隐藏着不为人知的艰辛与挑战。

在嬴政稚嫩的脸庞背后，是权臣的虎视眈眈，是宫廷的暗流涌动，是无数双眼睛在暗中窥探着这个年轻君主的一举一动。丞相吕不韦，这位精明强干、权倾一时的政治家，自秦庄襄王在位时便已经手握重权，他的影响力如同一张无形的网，渗透到了秦国的每一个角落。

在嬴政登基后，吕不韦更是成了实际上的"摄政王"，朝廷事务，无论巨细，几乎都要经过他的点头才能得以实施。他的存在，对于嬴政来说，既是一座难以逾越的高山，也是一把悬在头顶的利剑。

而太后赵姬，这位曾经给予嬴政无尽母爱与庇护的女子，在权力的诱惑和宫廷的斗争中，也不得不向现实低头，依靠吕不韦来稳定朝局，保护自己和儿子的地位。她内心的挣扎与无奈，如同秋日里飘零的落叶，带着几分凄凉。

在这样一个错综复杂的政治环境中，嬴政的登基无疑是一场巨大的挑战，他不仅要面对权臣的压制，还要应对宫廷内部的纷争和矛盾，每一步都如履薄冰，稍有不慎便可能跌入万丈深渊。

然而，年少的嬴政，却展现出了超乎常人的冷静与智慧。他深知，在这个强者为尊的世界里，只有掌握了权力，才能真正实现自己的抱负和理想。于是，他开始了漫长的隐忍与蛰伏。

在朝堂上，他尊重吕不韦和太后赵姬的决策，虚心向朝中的老臣请教，认真研读秦国的历史和法律，每一次发言都显得那么谦逊而得体。在后宫中，他更是巧妙地处理着各种纷争和矛盾，无论是宫女的争宠，还是嫔妃的算计，他都能以一颗平和的心去面对，始终保持着冷静和清醒，仿佛一切都在他的掌控之中。

在这段艰难的岁月里，嬴政就像一只潜伏在草丛中的猎豹，静静地等待着猎物的出现。他暗中培养自己的亲信和势力，逐渐在朝廷中产生了影响力。他深知，权力的斗争不仅仅是明面上的刀光剑影，更多的是暗地里的较量与博弈。因此，他小心翼翼地布局，每一步都走得异常谨慎。同时，他也开始学习治国之道，积累政治经验。他阅读了大量的典籍，从《韩非子》的法治思想，到《孙子兵法》的军事策略，都一一研读，并结合秦国的实际情况，形成了自己独特的治国理念。

每一次决策，他都深思熟虑，反复权衡利弊；每一次行动，他都果敢决断，从不拖泥带水。他深知自己前路漫漫、任重道远，但从童年时期就培养起来的坚韧不拔与勇往直前的精神，以及他对知识的热爱与对改革的执着追求，让他在面对任何困难与挑战时都能保持冷静与果敢。他就像一把出鞘的利剑，虽然暂时被隐藏在鞘中，但一旦时机成熟，必将绽放出耀眼的光芒，照亮整个秦国，乃至整个华夏大地。

吕不韦的辅佐与教育

> 在这个动荡的时期,吕不韦以权臣的身份稳固了秦国的朝政,以师长的身份辅佐新君。在他的悉心教导下,少年嬴政很快便学会了如何治国理政。

在嬴政年幼登基、权臣当道的动荡时期,吕不韦,以其深邃的政治洞察力和卓越的教育才能,为年轻的嬴政铺设了通往帝王之路的坚实基石。吕不韦不仅以权臣的身份稳固了秦国的朝政,更以师长的身份,对嬴政进行了全面而深刻的辅佐与教育。

吕不韦,一个传奇般的人物,他的故事在秦国乃至整个华夏都广为流传。他早年以商人的身份游走各国,凭借敏锐的商业头脑和过人的胆识，累积了千金家财。然而，他并不满足于物质的富足，而是怀揣着治国平天下的宏伟志向。当秦庄襄王还是质子时，吕不韦便慧眼识珠，助其登上秦国王位。如今，庄襄王离世，嬴政年幼，吕不韦再次挺身而出，挑起了辅佐新君的重担。

在吕不韦的辅佐下，秦国的政局逐渐稳定下来。他平定内乱，击退外敌，每一次的胜利都凝聚着他的智慧与勇气。有一次与赵国的边境冲突，赵军来势汹汹，秦军节节败退。吕不韦临危不乱，他亲自率领一支精锐部队，利用地形优势，设下埋伏，成功地将赵军引入陷阱。那一刻，战鼓雷动，箭矢如雨，吕不韦身先士卒，挥剑冲锋，最终将赵军击溃。这场胜利不仅振奋了秦军的士气，更让六国对秦国刮目相看。

然而，吕不韦深知，一个国家的强大不仅仅依靠武力。他更重视文治与权谋，明白要培养出英明的君主，才能确保秦国的长治久安。于是，他将目光转向了嬴政，开始了对他的悉心教育与培养。

嬴政年少时，性格暴躁，缺乏耐心。吕不韦便以身作则，用自己的言行举止来影响他。每当嬴政因小事发怒时，吕不韦都会耐心地劝导他："君王应有包容天下的气魄，不可因小失大。"他还经常给嬴政讲述历史上的明君圣主如何治理国家、关爱百姓的故事，让嬴政从中汲取智慧和力量。

除了言传，吕不韦更注重身教。他让嬴政参与朝政，让他在实践中学习如何处理国事。有一年，秦国遭遇大旱，百姓生活困苦。嬴政对此忧心忡忡，却束手无策。吕不韦便带他深入民间，亲自考察灾情，与百姓交流。在吕不韦的引导下，嬴政逐渐找到了解决问题的办法，他下令开仓放粮，减免赋税，还组织百姓修建水利设施。这些措施有效地缓解了旱灾带来的影响，也让嬴政深刻体会到了为民解忧的重要性。

在吕不韦的辅佐下，嬴政逐渐成长为一个睿智而果断的君主。他采纳了吕不韦的治国理念，继续推行改革和扩张政策。而吕不韦也没有停下脚步，他主持编纂了《吕氏春秋》。这部书不仅总结了古往今来的历史教训和经验，更在思想上为秦国的统一提供了完整的统治理论和依据。

《吕氏春秋》的编纂过程充满了艰辛与智慧。吕不韦召集了门下的数千名学者和文人，他们来自不同的学派和背景，因为吕不韦的号召而聚集在一起。在编纂过程中，吕不韦亲自参与讨论和修改，要求每一篇文章都要言之有物、言之有理，既要符合历史事实，又要具有前瞻性。经过数年的努力，《吕氏春秋》终于成书，它的问世不仅让吕不韦的名字更加闪耀，也为后世留下了宝贵的精神财富。

在吕不韦的相府里，还有一位少年天才——甘罗，他的故事同样令人称奇。甘罗是前朝老丞相甘茂的孙子，他聪明伶俐、机智过人。一天，吕不韦因为一件事情烦恼不已，原来秦国打算派张唐前往燕国做国相，以联合燕国夹攻赵国。然而张唐因为曾经得罪过赵国而心生畏惧，迟迟不肯动身。吕不韦对此束手无策，正在烦恼之际，甘罗主动请缨前去劝说张唐。

甘罗见到张唐后，并没有直接谈论出使的事情，而是先问张唐："您认为您的功劳和武安君白起相比如何？"张唐连忙答道："武安君英勇善战、功绩显赫，我怎么敢和他相比呢？"甘罗又问道："那您认为当年的应侯范雎和现在的丞相文信侯吕不韦相比，谁更专断呢？"张唐回答道："当然是文信侯。"甘罗听了笑道："既然如此，那您为何还推辞不去呢？我听说应侯想让武安君率兵攻打赵国时，武安君拒不受命，结果被贬离咸阳。他刚出城七里，应侯就派人将他赐死了。像武安君这样的人尚且不能被应侯所容忍，您想文信侯会容忍您吗？"张唐听了这话，不由得直冒冷汗，最终答应了出使燕国。

甘罗不仅成功地劝说了张唐，还主动请缨代替张唐前往赵国游说。他凭借自己的机智和口才，成功地说服了赵王将河间五城割让给秦国。这一举动不仅为秦国争取了战略上的优势，也让甘罗的名字在秦国广为人知。吕不韦对甘罗的才华和勇气大加赞赏，并亲自向秦王推荐他。秦王见甘罗如此年少有为，便封他为上卿，甘罗成为秦国历史上最年轻的官员之一。

吕不韦的一生是传奇的一生，他的故事如同一部跌宕起伏的史诗。他用自己的智慧和勇气为秦国的发展奠定了坚实的基础。他培养了嬴政这样一代英明君主，也编纂了《吕氏春秋》这样一部重要的学术著作。他的故事如同一条蜿蜒流淌的河流，穿越历史的长河，激励着后人不断前行、勇往直前。

第二章

独揽大权：亲政之路的荆棘与荣耀

成蛟之乱，宫廷动荡

> "知人者智，自知者明。"成蛟之乱让嬴政深刻认识到了人性的复杂与宫廷斗争的险恶，也让他开始注重自我修养与内心世界的探索。

在秦国浩瀚如烟的历史画卷中，公元前239年的成蛟之乱，无疑是一场惊心动魄的悲剧，它不仅考验着年轻秦王嬴政的意志与智慧，更如同一面镜子，映照出宫廷深处那些不为人知的暗流涌动。

成蛟，这位秦庄襄王庶出的次子，自幼便生活在父王的光环之下，他的血液中流淌着秦国的荣耀与梦想。然而，命运似乎总爱与他开玩笑，将他推向了一个他本不愿面对的旋涡中心。

秦庄襄王驾崩之时，秦国正处于内外交困之际，外有六国虎视眈眈，内有权臣吕不韦与嫪毐把持朝政，年幼的嬴政在风雨飘摇中登上了王位。成蛟，作为王族血脉，本应成为辅佐新王的坚实后盾，却在权力的游戏中逐渐被边缘化，成为一颗被人利用的棋子。

成蛟热爱武艺，痴迷于兵法，常梦想着能够像先祖一样，驰骋疆场，立下赫赫战功。在王宫的深处，他常常独自一人在练武场挥洒汗水，剑光如龙，每一招每一式都透露着他对未来的无限憧憬。然而，这种单纯与热情，在权谋的染缸中显得格外脆弱。一些心怀叵测的朝臣看到了成蛟心中的不满与渴望，开始悄悄接近，用甜言蜜语编织起一张张罪恶的网。

其中，最为狡猾的莫过于一个名叫樊於期的老臣。樊於期曾是秦庄襄王的亲信，却因在王位继承问题上站错了队，被吕不韦排挤。他为了重获权势，将目光瞄准了成蛟。他常常在夜深人静之时，潜入成蛟的寝宫，以长辈的身份，向成蛟灌输对嬴政和吕不韦的不满，讲述着一个个被篡改的"真相"，让成蛟逐渐相信自己才是秦国真正的未来，而嬴政不过是吕不韦手中的傀儡。

在这些谎言的浇灌下，成蛟心中的不满如同野草般疯长，最终吞噬了他的理智。公元前239年的春天，一个看似平常的日子，成蛟在屯留（今山西屯留）举起了反叛的大旗，他的心中充满了对现状的愤怒与对未来的憧憬。然而，现实却远比他想象的要残酷。秦国的军队在嬴政的指挥下，如同一台精密的战争机器，迅速而无情地碾碎了这场叛乱。成蛟的军队虽英勇，但在强大的秦军面前，终究只是螳臂当车。

那一日，屯留的天空被战火染红，成蛟站在城墙上，望着远处滚滚而来的秦军，心中充满了绝望与悔恨。他意识到，自己不过是一枚被他人利用的棋子，而真正的战场从来都不在沙场之上，而是在那看似平静的宫廷之中。最终，成蛟被捕，他的结局是历史书页上淡淡的一笔，却也是嬴政心中永远的痛。

嬴政得知成蛟叛乱的消息时，正站在咸阳宫的制高点，眺望着远方。那一刻，他的内心五味杂陈。他回忆起与成蛟共度的时光，那些无忧无虑的日子仿佛就在昨天。然而，现实却让他不得不面对兄弟反目的残酷。嬴政深知，这场叛乱不仅仅是成蛟个人的悲剧，更是秦国内部矛盾激化的结果。他决心以此为契机，彻底根除宫廷中的不稳定因素。

成蛟之乱后，嬴政深刻反思了这场危机的根源。他意识到，宫廷斗争的残酷与无情是这场叛乱的根本原因。为了彻底铲除宫廷斗争的土壤，嬴政开始了一系列大刀阔斧的改革，加强了对朝廷官员的监管，推行了一系列加强中央集权的措施，削弱了地方势力的影响力。同时，他更加注重对年轻一代的培养和教育，希望通过培养一批忠诚能干的人才来巩固秦国的统治基础。

然而，成蟜之乱的阴影却如同一道无形的枷锁，始终束缚着嬴政的心。每当夜深人静之时，嬴政总会想起成蟜那张年轻而迷茫的脸庞，心中不禁涌起一股复杂的情感。他既为成蟜的背叛感到痛心疾首，又为自己未能及时挽救这位兄弟而感到深深的自责与遗憾。这份情感如同一块巨石压在他的心头，让他时刻警醒着宫廷斗争的残酷与无情。

正如古人云："知人者智，自知者明。"成蟜之乱让嬴政深刻认识到了人性的复杂与宫廷斗争的险恶。他开始更加注重自我修养与内心世界的探索，努力成为一个既智慧又明智的君主。在日后的统治中，嬴政始终保持着对宫廷斗争的高度警惕，不断巩固自己的统治地位。他通过一系列的政治改革和军事行动，逐渐将秦国推向了统一六国的道路。而成蟜之乱，也成为秦国历史上一段令人唏嘘的往事，它提醒着后人要时刻警醒权力斗争的残酷与无情，珍惜眼前的和平与稳定。

嫪毐野心膨胀，危机四伏

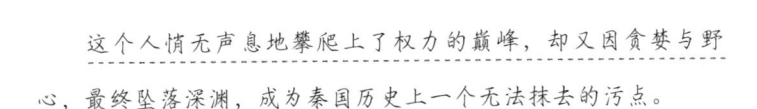

> 这个人悄无声息地攀爬上了权力的巅峰，却又因贪婪与野心，最终坠落深渊，成为秦国历史上一个无法抹去的污点。

嫪毐初入宫时，不过是个名不见经传的侍从，他的身份卑微，如同宫墙缝隙中的一粒尘埃，无人问津，也无人关注。然而，他渴望权力，渴望地位，渴望成为人上人。他凭借着逢迎拍马的本事，逐渐赢得了秦庄襄王的信任与赏识。在秦庄襄王的眼中，嫪毐是一个忠诚可靠、才华横溢的臣子，善于察言观色，总能猜透君王的心思，因此，嫪毐的职位一路攀升，从一名无足轻重的侍从，摇身一变，成为宫廷中的显赫重臣。

然而，权力的滋味如同甘甜的蜜糖，却也藏着致命的毒药。

嫪毐在权力的诱惑下，逐渐迷失了自我，他的野心如同被点燃的火种，熊熊燃烧，再也无法熄灭。他开始不满足于现状，渴望得到更多的权力与地位，甚至萌生了篡夺秦国王位的念头。在嫪毐的心中，逐渐孕育出了一个庞大的阴谋，他暗中勾结外敌，企图里应外合，将秦国的江山社稷拱手让人。他秘密派遣使者，穿梭于各国之间，许以重金厚禄，寻求盟友的支持，企图在秦国内部制造混乱，为自己篡位铺平道路。

在宫廷内部，嫪毐更是如鱼得水，他凭借着如簧的巧舌，拉拢朝臣，逐渐形成了自己的势力范围。每当秦王嬴政询问政事，嫪毐总是能够巧言掩饰，将真相深埋于层层迷雾之中，让年轻的秦王如同置身于迷雾中的行者，难以辨清方向。秦国的朝政在嫪毐的操控下日益混乱，百姓怨声载道，国家危机四伏。

然而，嬴政，这位年轻的君主并非等闲之辈。他外表温文尔雅，内心却坚韧如铁，智慧如海。他早已察觉到了嫪毐的异样，只是碍于局势，一直隐忍不发。他深知，嫪毐的势力庞大，若贸然行动，恐会打草惊蛇，反而引来更大的麻烦。因此，他选择了沉默，选择了等待，如同一只潜伏在草丛中的猎豹，静静地等待着猎物的出现。

在等待的日子里，嬴政并没有闲着，他暗中布置眼线，密切关注着嫪毐的一举一动，收集罪证。他深知，要打败嫪毐，必须一击即中，否则将前功尽弃。因此，他耐心地积蓄着力量，等待着那个决定性的时刻。

终于，那个夜晚降临了。公元前238年的一个深夜，月光如水，洒满了整个咸阳城。在静谧的夜空下，一场惊心动魄的较量即将拉开序幕。秦王嬴政亲自率领精锐的禁军，如同幽灵般悄无声息地包围了嫪毐的府邸。那一刻，空气仿佛凝固，紧张与肃杀的气息弥漫在每一个角落。禁军将士们个个摩拳擦掌，跃跃欲试，他们知道，这一战，不仅是为了国家，更是为了他们的信仰。

嫪毐在睡梦中被惊醒，他望着窗外密密麻麻的军队，顿时惊慌失措。他深知，自己的一切努力都化为了泡影，等待他的将是无尽的惩罚与唾弃。他试图逃跑，试图寻找一丝生机，然而，一切都已太迟。秦军如同猛虎下山，势不可挡，迅速冲破了嫪毐的防线。在激烈的战斗中，嫪毐的党羽被一一擒获，他的势力也被彻底瓦解。而他自己，则在绝望中被秦军生擒活捉，押往了刑场。

刑场上，嫪毐跪在地上，面对着无数双愤怒的眼睛，他颤抖着身体，眼中充满了恐惧与绝望。他深知，自己的一切罪孽都将在这一刻得到清算，等待他的将是无尽的惩罚与耻辱。他试图辩解，试图乞求宽恕，然而，一切都已无法挽回。随着一声令下，嫪毐的头颅被斩下，他的野心与罪恶也随之烟消云散。那一刻，天空仿佛变得更加明亮，秦国的百姓欢呼雀跃，庆祝这个奸臣的终结，也庆祝正义的胜利。

嫪毐的败露与终结，不仅让秦国上下一片欢腾，更让嬴政的统治地位得到了空前的巩固。嬴政以其智慧与决断力，向世人展示了正义的力量，也向世人证明了他才是秦国真正的王者。而嫪毐，则成为秦国历史上一个永远无法抹去的污点，他的故事如同一面镜子，映照出了人性的贪婪与罪恶，也警示着后人要时刻保持清醒的头脑，坚守正义的立场。

在这场惊心动魄的较量中，嬴政不仅赢得了胜利，更收获了成长。他深知，权力虽然诱人，但若不能正确使用，最终只会带来毁灭与灾难。因此，他更加珍惜手中的权力，用智慧与勇气守护着秦国的江山社稷。他推行改革，整顿朝政，重用贤能之士，使得秦国逐渐走出了困境，走上了强盛之路。

而嫪毐的野心与败露，也如同一段插曲，刻在秦国的历史长卷之中。它提醒着后人，要时刻保持警惕，不要被权力的诱惑所迷惑；要坚守正义，不要被贪婪所吞噬。

罢免吕不韦，集权进一步加强

> 嫪毐之乱加上吕不韦与太后赵姬的绯闻，成了秦王心中难以拔除的刺。然而，要削弱吕不韦的势力，他还需耐心等待一个合适的时机。

公元前237年的秋天，金黄与萧瑟交织，落叶如同时间的碎片，一片片飘落在咸阳宫的青石板路上，发出细微却清脆的声响。秦王嬴政，这位年轻的君主，就站在权力的十字路口，他的身影挺拔如松，眼神坚定而深邃，宛如夜空中最亮的星辰，穿透岁月的迷雾，直视着那遥不可及的统一大业，心中燃烧着不灭的火焰。

咸阳宫，这座宏伟壮观的宫殿，见证了政权的更迭与兴衰，此刻却仿佛也感受到了即将到来的变革。宫殿的每一砖一瓦都似乎在诉说着过往的故事，而那些雕梁画栋、金碧辉煌的装饰，更是映衬出了一种不凡的气度。然而，在这庄严与辉煌的背后，却隐藏着不为人知的暗流涌动。

吕不韦，那位曾经权倾一时的丞相，他的府邸就坐落在咸阳城最繁华的街区，与咸阳宫遥相呼应，形成了一种微妙的平衡。同样是雕梁画栋、金碧辉煌，但此刻，那座府邸却仿佛被一层无形的阴霾所笼罩，往日的荣光似乎正在悄然褪色。

吕不韦与太后赵姬的绯闻和流言蜚语，悄然在宫中蔓延，如同毒蛇般吞噬着秦王的信任，成为秦王心中难以拔除的一根刺。这些流言虽然未曾公开，但却像一把无形的刀，割裂着君臣之间的信任，也让秦国的朝堂之上弥漫着一股不安的气息。秦王嬴政虽然年轻，但却有着超乎常人的智慧与决断力，他深知，这样的流言如果继续下去，不仅会动摇国家的根基，更会让自己在朝臣中的威信大打折扣。

嬴政的目光穿过窗棂，望向远方那片未知的世界，眼中闪烁着复杂的情绪。他知道，吕不韦的权势已经如同野草般疯长，严重威胁到了王权的稳定。但如何行动，才能既削弱吕不韦的势力，又避免朝野的动荡，这确实是一个考验君主智慧与决断的难题。嬴政深知自己不能轻举妄动，必须等待一个合适的时机，一个能够让自己名正言顺地削弱吕不韦势力的时机。

终于,这个机会在不经意间悄然而至。一日,朝中有臣勇敢地站了出来,向秦王嬴政呈上了一封沉甸甸的奏疏,详细列举了吕不韦在处理国家事务时的诸多失职之处,指控他虽身居丞相高位,却未能恪尽职守,反而利用职务之便,暗中操控朝政,使得国家政令不畅,百姓生活困苦。

具体而言,奏疏中提到,吕不韦在处理与各国的外交关系时,多次决策失误,导致秦国在外交上陷入被动;在财政管理上,他滥用职权,中饱私囊,使得国库空虚,民生凋敝;更为严重的是,吕不韦还被指控与朝中部分官员勾结,形成利益集团,对秦王的权威构成了潜在威胁。

秦王嬴政闻讯后,表面上不动声色,内心却如波涛汹涌。他深知,吕不韦作为先王时期的重臣,势力庞大,根基深厚,要扳倒他绝非易事。但此刻,这封奏疏无疑为他提供了一个绝佳的契机。于是,秦王迅速召集朝臣,将奏疏内容公之于众,并以"失职"之名,果断地宣布罢免吕不韦的丞相职务。

那一刻,咸阳宫内的气氛紧张得几乎凝固。朝臣们面面相觑,心中五味杂陈。他们既为吕不韦的失势感到惋惜,又为秦王的果断决策而震撼。整个宫殿内静得连一根针掉在地上的声音都能听见,每个人都屏息以待,生怕错过任何一个细节,更不敢妄加议论,以免惹祸上身。而吕不韦,这位曾经的权臣,此刻也只能黯然神伤,接受被罢免的命运。

吕不韦跪在秦王面前，他的眼神中闪过一丝不甘与无奈，但更多的是对命运的屈服。他知道，这一刻已经到来，无法挽回，自己的时代已经悄然落幕。他望着秦王那年轻而坚定的脸庞，心中五味杂陈。他曾经以为，自己能够永远掌握住这份权力，但此刻，他才真正明白，权力是流动的，它不会永远属于某一个人，更不会因为个人的意志而停留。

吕不韦的心中充满了无尽的苦涩。他明白，自己虽然聪明一世，但在权力的游戏中，终究还是败给了年轻的秦王。他被逐出咸阳，迁往河南洛阳，那座曾经属于他的封地，如今却成了他晚年的避难所。在洛阳的日子里，他闭门谢客，不再过问政事，只是将自己的心血倾注在了《吕氏春秋》的编纂上。那部汇聚了天下志士智慧的巨著，成了他晚年最大的慰藉，也是他留给后世的宝贵遗产。他常常独自坐在书房中，手捧书卷，沉浸在那份宁静之中，仿佛能够暂时忘却尘世的烦恼。

而咸阳宫内，嬴政正以前所未有的决心和勇气，推动着秦国的改革。他加强中央集权，削弱地方势力，提拔了一批有才能、忠诚于国家的官员。他的每一个决策都如同雷霆万钧，震撼着朝野，也震撼着历史。他站在咸阳宫的最高点，眺望着远方那片广阔的天地，心中充满了对未来的憧憬与期待。他知道，自己正站在历史的转折点上，肩负着统一六国的伟大使命。而罢免吕不韦，只是他走向统一之路的第一步，也是他巩固王权、加强中央集权的重要举措。

这场权力更迭，不仅改变了吕不韦和嬴政的命运，也深刻地改变了秦国的历史进程。它标志着秦国政治进入了一个新的阶段，中央集权得到进一步加强，为秦国的统一大业奠定了坚实的基础。

在随后的日子里，嬴政继续以他的智慧和勇气，引领着秦国走向强盛。他推行了一系列改革措施，使得秦国的国力日益增强，军队战斗力不断提升。他派遣使者出使各国，宣传秦国的强大与和平，同时也暗中窥探着各国的虚实，为将来的统一之战做着充分的准备。

而吕不韦，在洛阳的隐居生活中，也逐渐找到了自己的归宿。他不再留恋那已经逝去的权力，而是将全部的心血倾注在了《吕氏春秋》的编纂上。那部巨著，不仅汇聚了他的智慧，也凝聚了他对人生的深刻感悟。他希望通过这部书，能够将自己的思想传承给后世，让更多的人从中受益。

岁月如梭，转眼间，几十年过去了。当秦国的铁骑踏遍六国，统一了天下，嬴政站在那高高的祭坛上，接受着万民的朝拜。他的心中充满了无比的自豪与骄傲。他知道，这一切的成就，都离不开自己当年的决断与勇气。而吕不韦，虽然早已离世，但从他的《吕氏春秋》中，人们看到了他的智慧与才华，也感受到了他对人生的深刻思考。

间谍郑国事件，巩固国防

"智者之虑，必杂于利害。"在这场反间谍战中，秦王没有选择盲目地报复，他不仅兵不血刃地化解了危机，更借机加强了秦国的国防建设。

公元前233年的春天，阳光透过薄雾，洒在秦王宫那高耸的宫墙上，金色的光辉与古朴的砖瓦交相辉映，构成了一幅壮丽而又庄严的画面。秦王嬴政就站在这样的宫墙之上，他的身影挺拔如松，眼神中闪烁着对未来的渴望与对未知的警惕。

就在这时，一个身材瘦削、面容坚毅的中年男子，缓缓步入了秦王宫的偏殿。他，就是郑国，一位看似平凡的水利工程师，却怀揣着不为人知的秘密。他身穿一袭朴素的儒衫，举止从容，言辞恳切，每一个细节都透露出学者的风范。然而，谁又能想到，这位在秦王面前侃侃而谈的男子，竟是韩国派来的间谍，他的心中藏着削弱秦国国力、为韩国争取喘息之机的阴谋。

"郑国啊，你可知这水利之重要？"嬴政的声音低沉而威严，仿佛能穿透人心，直达灵魂深处，"它关乎我秦国百姓之生计，关乎我秦国之未来，更关乎我统一六国的宏图大业。"郑国微微点头，眼中闪过一丝不易察觉的慌乱。他深知，自己此刻正站在极其危险的边缘，稍有不慎，就可能万劫不复。但他很快镇定下来，滔滔不绝地讲述着水利工程的规划与前景，试图用专业的知识和诚挚的态度来掩盖内心的虚伪。

然而，谎言终究无法掩盖真相。随着郑国渠工程的推进，一些细心的秦臣开始察觉到不对劲。他们发现，郑国在规划工程时，总是有意无意地引导水流绕开秦国的军事重镇，而流向韩国的边境地区。这一发现如同晴天霹雳，震惊了整个秦国朝野。秦王嬴政更是怒不可遏，他感到自己的信任被狠狠地践踏，秦国的安全受到了前所未有的威胁。他紧握着拳头，眼中闪烁着怒火与决心，仿佛要将这一切的阴谋与欺骗都燃烧殆尽。

"间谍，如同潜伏在暗处的毒蛇，随时可能给予致命的一击。"嬴政在心中默念着这句话，他的目光如炬，穿透层层迷雾,直视着这场危机的核心。但他知道,愤怒并不能解决问题,只有冷静与智慧才能化解这场危机。于是,他立即召集心腹大臣,秘密商议对策。在朝堂之上,气氛紧张得仿佛凝固了一般,每个人的脸上都写满了严肃与担忧。他们知道,这场危机关乎秦国的未来以及他们每个人的命运。

面对这一严峻挑战,嬴政展现出了非凡的政治智慧与决断力。他没有选择盲目地愤怒与报复,而是冷静地分析了形势,采取了更为明智的举措。他一方面秘密调查郑国的背景与动机,试图揭开这场阴谋的真相;另一方面则加强了对水利工程的监管与防范,派出了最得力的将领与工匠,确保工程的安全与进度不受影响。同时,他还加强了边防的兵力与巡逻,提高了对间谍活动的警惕与打击力度。他深知,只有这样才能确保秦国的安全,以及统一大业的顺利进行。

嬴政还亲自前往郑国渠工地,视察工程进展,鼓舞士气。他站在高耸的堤坝上,望着滚滚的河水,心中充满了对未来的信心与期待。他深知,这场危机虽然严峻,但也将成为秦国国防建设的一个重要转折点。他要用自己的行动告诉所有的秦臣和百姓,无论遇到多大的困难,秦国都不会放弃,都会勇往直前。

嬴政的目光如炬,穿透层层迷雾,直视事件核心。他明白,只有解决这场危机,才能更加清晰地看到秦国的未来与方向。

而郑国，这位曾经的间谍，也在秦王的宽容与智慧面前低下了头，承认了自己的所作所为。他深知，自己虽然犯下了不可饶恕的罪行，但秦王却给了他一个改过自新的机会。他主动请求留在秦国，继续为秦国的水利事业贡献自己的力量。

嬴政看着郑国那诚恳的眼神，心中不禁涌起一股暖流。他知道，郑国虽然曾经犯错，但也有着过人的才华和智慧。如果能够让他真心实意地为秦国效力，那么这场危机不仅不会成为秦国的绊脚石，反而会成为秦国前进的助力。于是，他欣然接受了郑国的请求，并任命他为水利工程的总负责人，继续推进郑国渠的建设。

在秦王的英明决策与秦臣的共同努力下，郑国渠工程终于顺利竣工。它为秦国的农业发展提供了源源不断的水源，是秦国国防体系中的一道重要屏障。而郑国事件也成为秦国历史上的一段传奇佳话，被后世传颂。人们纷纷称赞嬴政的宽容与智慧，也感叹郑国的才华与转变。

"智者之虑，必杂于利害。"在这场危机中，嬴政不仅成功地化解了间谍的威胁，还借此机会加强了秦国的国防建设，为秦国的统一大业奠定了更为坚实的基础。他的智慧与决断，照亮了秦国前行的道路，也激励着后世无数英雄豪杰勇往直前。而郑国渠见证了秦王嬴政的英明与伟大，也见证了秦国从危机中走向辉煌的历程。

茅焦谏秦王，获重用化危机

作为一个英明的君主，应该听取忠臣的谏言，而不是一意孤行，否则将失去民心，危及国家。

战国末期的齐国士人茅焦，以一己之力，面对着暴怒中的秦始皇，犹如一叶扁舟挑战狂风巨浪，不仅挽救了无数忠臣的生命，更使摇摇欲坠的国家之舟免于倾覆。

茅焦，这个名字在浩瀚的历史典籍中或许并不显赫，但他的故事却在人们的心中留下了不可磨灭的印记。他生于战国末年，那是一个英雄辈出、风云变幻的时代，各国间烽火连天，智者云涌。茅焦，以其过人的智慧和敏锐的洞察力，在这片乱世中脱颖而出，成为敢于挑战皇权、为国家和人民发声的少数士人之一。他的生平虽然记载不详,如同雾中的花朵,朦胧而神秘,但正是这份神秘与传奇,让他的形象更加高大,如同山岳般耸立于历史的长廊之中。

约公元前238年,一场因宫廷丑闻而引发的政治风波,将秦国推向了更为动荡的深渊,也为茅焦的传奇故事拉开了序幕。

事情起源于秦始皇处理其母赵太后与嫪毐私通事件所引发的轩然大波。嫪毐之乱平定后,秦始皇的怒火如同火山般爆发,他将母亲赵姬迁出咸阳,囚禁在雍城,以此作为对她不忠的惩罚。同时,他下达了一道令人不寒而栗的命令:凡是为太后求情者,一律处死,并陈尸宫墙之下,以儆效尤。这一命令如同寒风中的利刃,让整个朝廷陷入了死寂,许多臣工虽然心中不满,认为这种处理方式既有悖于孝道,又有损秦国的形象,但在秦始皇的淫威之下,无人敢冒死进谏。然而,即便如此,仍有不少忠臣前赴后继,冒死进谏,希望以自己的生命唤醒君王的良知,结果却无一例外地遭到了残酷的杀戮,他们的鲜血染红了宫墙,也染红了每一个旁观者的心。据统计,因进谏太后之事而被杀的大臣多达二十七人,这个数字如同一块沉重的石碑,压在每个人的心头,让人喘不过气来。

就在这危急关头,茅焦挺身而出,他决定向秦始皇进谏,这无疑是一场与死神的较量,是一场以生命为代价的赌博。

茅焦深知此行凶多吉少，但他心中那份对国家未来的担忧和对正义的坚守，如同熊熊燃烧的火焰，驱使他踏上了这条不归路。他精心准备，深思熟虑，力求每一句话都能直击秦始皇的心灵深处，使其回心转意。

终于，在那个风雨交加的日子里，茅焦见到了秦始皇。面对这位威震天下的君主，茅焦没有丝毫的畏惧，他从容不迫，言辞犀利而中肯，仿佛一把利剑，穿透了秦始皇的防御，直击他的灵魂。他巧妙地以天象中的二十八宿作比喻，指出已有二十七人因进谏而死，若再加一人便凑足二十八数，暗示秦王此举将触犯天意，必将招致天谴。接着，他直言不讳地指出了秦始皇的三大过错：车裂嫪毐，显露出了嫉妒之心，有违王者之度；杀同母异父之弟，失去了仁爱之德，有悖人伦之理；放逐母后，悖逆孝道之本，有损国家之誉。字字珠玑，句句在理，让秦始皇听后深感震撼，心中涌起了前所未有的波澜。

面对茅焦的直言进谏，秦始皇最初极为愤怒，他的眼神如同利剑，仿佛要将茅焦刺穿。他准备将茅焦也处以极刑，以儆效尤。然而，在茅焦的坚持和周围臣子的劝说下，秦始皇逐渐冷静下来，他开始反思自己的行为，看到了自己的不足与错误。他意识到，作为一个英明的君主，应该听取忠臣的谏言，而不是一意孤行，否则将失去民心，危及国家。最终，他接受了茅焦的劝谏，认识到了自己的错误，并决定改正。这一刻，秦始皇仿佛脱胎换骨，心中充满了对未来的憧憬。

为了表彰茅焦的勇气和忠诚，秦始皇尊其为"仲父"，并授予上卿的爵位，这是何等的荣耀与尊崇。这一举动不仅体现了秦始皇对茅焦的敬重和赏识，也向世人展示了他作为一代明君的胸襟。同时，秦始皇还亲自驾车前往雍地迎接母后回宫，母子得以团聚，这一幕温馨而感人，仿佛冬日里的暖阳，温暖了每一个秦国人的心。他下令收葬了之前因进谏而被杀的二十七位忠臣的尸体，以示对他们的哀悼和敬意，这一举动如同一场及时的春雨，滋润了人们的心田。

茅焦的这次进谏，不仅挽救了自己的生命，也让秦始皇在暴怒中找到了理智的回归，让秦国避免了一场可能的内乱，为后来的统一大业奠定了坚实的基础。茅焦的事迹如同一曲壮丽的赞歌，唱响了正义与勇气的旋律，激励着后人不断前行，为国家的繁荣富强贡献自己的力量。在历史的长河中，茅焦的名字将永远闪耀，成为后人学习的楷模和榜样。

重用尉缭，重整战略部署

> 重用尉缭，让秦国在军事、外交、教育等方面都获得了巨大的飞跃，为秦国的强盛和统一大业奠定了坚实的基础。

在秦王政雄图伟略的征途中，有一位智者以其非凡的才智和深邃的战略眼光，悄然改变了秦国的命运，他就是来自魏国大梁的军事奇才尉缭。

尉缭的智慧与贡献，是秦国统一六国不可或缺的一环。公元前237年，当各国纷争、战乱频仍之时，尉缭带着对时局的深刻洞察和对未来的宏伟构想，踏上了秦国的土地。他的到来，如同一股清风，为秦国带来了新的战略思想和军事理念。

尉缭初见秦王政，便以其独到的战略眼光，提出了"以秦之强，诸侯譬如郡县之君"的惊世之论。他深刻地分析了当时天下的形势，指出秦国虽然强大，但六国联合起来仍是一股不可忽视的力量。因此，尉缭主张通过贿赂各国权臣，离间其内部关系，制造矛盾，从而逐个击破。这一策略，既体现了尉缭对人性深刻的洞察，也展示了他对战略局势精准的把握。秦王政听后，大为震惊，深感尉缭的谋略非凡，遂对其倍加重用，不仅赐予高官厚禄，更在每次相见时都表现出极大的尊重与谦卑。

尉缭不仅是一位战略家，更是一位实干家。他深知，再高明的战略也需要强大的军力作支撑。因此，尉缭在秦国军队中推行了一系列改革措施。他强调军队纪律的重要性，主张严格训练士兵，提高战斗力。在尉缭的指导下，秦国军队焕然一新，士兵们英勇善战，士气高昂。同时，尉缭还注重军事技术的创新，他鼓励士兵们学习新战法、新兵器，使得秦国军队在战场上所向披靡。

除了军事改革外，尉缭还以其深邃的战略眼光，为秦王政调整外交政策提供了宝贵建议。他主张联合诸侯，孤立和打击六国。尉缭深知，外交是战争的延伸，通过巧妙的外交手段，可以为军事行动创造有利条件。因此，他建议秦王政积极与各国建立友好关系，通过联姻、结盟等方式，拉近与各国的距离。同时，尉缭也主张对六国进行经济封锁和军事威慑，迫使其内部产生分裂和矛盾。这一策略的实施，使得秦国在统一战争中逐渐占据了上风，为最终的胜利奠定了坚实基础。

尉缭不仅为秦国提供了战略上的指导，更为秦国的军事改革和外交政策调整注入了新的活力。他的战略思想和军事理念，如同一股清流，滋润着秦国这片土地。在尉缭的辅佐下，秦王政的统治更加稳固，秦国的实力也日益增强。

然而，尉缭的贡献并不仅限于此。他还是一位教育家和思想家。他深知，一个国家的强大，不仅仅取决于军事力量，还取决于人民的文化素质和道德水平。因此，尉缭在秦国推广教育，提倡儒家思想，倡导仁爱、礼义等。这些举措，不仅提高了秦国人民的文化素质，也为秦国的长治久安奠定了思想基础。

尉缭的一生，充满传奇色彩。他以非凡的才智和深邃的战略眼光，为秦国的统一大业立下了汗马功劳。他的战略思想和军事理念，不仅影响了当时的秦国，更对后世产生了深远的影响。可以说，尉缭是秦国统一六国过程中的关键人物之一，他的智慧和贡献将永远铭刻在历史的长河中。

在秦王政统一天下的征途中，尉缭如同一盏明灯，照亮了前行的道路。正是有了尉缭这样的智者辅佐，秦王政才能够最终实现统一天下的宏伟愿望。

李斯崭露头角,得嬴政赏识

"泰山不让土壤,故能成其大;河海不择细流,故能就其深",李斯凭《谏逐客书》获得秦王赏识,自此以后,他将帮助秦王实现一统天下的梦想。

公元前230年的盛夏,烈日炙烤着咸阳城,秦王宫内,一场激烈的辩论正如火如荼地进行。金碧辉煌的大殿中央,秦王嬴政端坐龙椅,面容严峻,目光如炬。大殿两侧,群臣分列,有的慷慨陈词,有的沉默不语。而在这场关乎国家命运的辩论中,一个名叫李斯的青年,正准备用他的智慧和勇气,书写一段传奇。

李斯,原本只是楚国边陲小城上蔡的一名普通小吏,却因心怀壮志，不甘平庸，毅然踏上了前往秦国的征途。他深知，在这个风云际会的时代，只有秦国这片热土，才能为他提供施展才华、实现抱负的舞台。在秦国，他凭借过人的智慧、不懈的努力以及对时局的敏锐洞察，在朝堂上崭露头角，成为一颗冉冉升起的新星。

然而，一场突如其来的"逐客令"，却让他陷入了深深的忧虑。那日，秦王宫的大殿上，宗室大臣们纷纷上书，言辞激烈地要求将所有非秦国的宾客一律驱逐出境。他们声称，这些宾客都是间谍，是秦国的隐患。秦王嬴政一时被这种声音所左右，下令执行"逐客令"。

面对这一命令，李斯心如刀绞。他深知，这不仅会导致秦国人才流失，更会让秦国在国际上孤立无援。于是，他决定挺身而出，向秦王嬴政进谏。在进谏书中，他首先以秦国历史为例，列举了历代国君任用客卿、成就霸业的辉煌事迹。他写道："昔穆公求士，西取由余于戎，东得百里奚于宛，迎蹇叔于宋，来邳豹、公孙支于晋。此五子者，不产于秦，而穆公用之，并国二十，遂霸西戎……"他的话语铿锵有力，仿佛将那些历史英雄的身影一一呈现在秦王面前。

接着，李斯又从秦王嬴政的个人喜好出发，指出秦王所喜爱的珍宝、美色、音乐等并非都产自秦国，但秦王却并未因此而排斥它们。他以此类比，劝说秦王："今陛下致昆山之玉，有随、和之宝，垂明月之珠，服太阿之剑，乘纤离之马，建翠凤之旗，树灵鼍之鼓。此数宝者，秦不生一焉，而陛下说之，何也？必秦国之所生而然后可，则是夜光之璧，不饰朝廷；犀象之器，不为玩好；郑、卫之女，不充后宫；而骏良駃騠，不实外厩；江南金锡，不为用；西蜀丹青，不为采。所以饰后宫、充下陈、娱心意、说耳目者，必出于秦然后可，则是宛珠之簪、傅玑之珥、阿缟之衣、锦绣之饰，不进于前；而随俗雅化，佳冶窈窕，赵女不立于侧也。夫击瓮叩缶、弹筝搏髀，而歌呼呜呜快耳者，真秦之声也。《郑》《卫》《桑间》《韶》《虞》《武》《象》者，异国之乐也。今弃击瓮叩缶而就《郑》《卫》，退弹筝而取《韶》《虞》，若是者何也？快意当前，适观而已矣。今取人则不然，不问可否，不论曲直，非秦者去，为客者逐。然则是所重者在乎色、乐、珠玉，而所轻者在乎人民也。此非所以跨海内、制诸侯之术也。"他的话语字字珠玑，句句戳心，让秦王嬴政不禁陷入了沉思。

最后，李斯还说："臣闻地广者粟多，国大者人众，兵强则士勇。是以太山不让土壤，故能成其大；河海不择细流，故能就其深；王者不却众庶，故能明其德。是以地无四方，民无异国，四时充美，鬼神降福，此五帝三王之所以无敌也。"强调君王应广纳贤才，不应拒绝任何臣民。他的言辞激昂而恳切，仿佛一股清泉涌入秦王的心田。

秦王嬴政读完李斯的《谏逐客书》后，深受触动。他站起身来，目光坚定地望向远方，仿佛看到了秦国未来的辉煌。他大声宣布："李斯所言极是！寡人即刻取消'逐客令'，并重用李斯为谋士！"话音刚落，朝堂上响起了一片热烈的掌声与欢呼声。李斯跪倒在地，眼中闪烁着激动的泪光。这一刻，他等待已久。他的崛起与重用，将从此刻开始。

紧接着，当秦王嬴政正为如何进一步推进统一大业而一筹莫展时，李斯适时地站了出来。他向秦王提出了一套完整的统一策略，涵盖了加强中央集权、推行法治、重视军事力量等多个方面。他引经据典，旁征博引，将自己的策略阐述得淋漓尽致。他说道："孝公用商鞅之法，移风易俗，民以殷盛，国以富强，百姓乐用，诸侯亲服，获楚、魏之师，举地千里，至今治强。惠王用张仪之计，拔三川之地，西并巴蜀，北收上郡，南取汉中，包九夷，制鄢、郢，东据成皋之险，割膏腴之壤，遂散六国之从，使之西面事秦，功施到今。昭王得范雎，废穰侯，逐华阳，强公室，杜私门，蚕食诸侯，使秦成帝业。此四君者，皆以客之功。由此观之，客何负于秦哉！向使四君却客而不内，疏士而不用，是使国无富利之实，而秦无强大之名也。"他的言辞犀利而深刻，仿佛一把利剑直刺秦王的内心。

秦王嬴政听得如痴如醉，眼中闪烁着赞赏与期待的光芒。

他深知，这位年轻的臣子不仅有着过人的才智，更有着对秦国未来的深刻洞察与独到见解。他站起身来，走到李斯面前，亲手扶起他，声音威严而庄重地说："李斯，你的策略深得我心。我愿将重任托付于你，助你实现你的抱负与理想。"

从此，李斯成为秦王嬴政身边最重要的谋士之一。他不仅在朝堂上发挥着举足轻重的作用，更在秦国的各项政策制定与实施中，展现出了非凡的领导才能与执行力。他推行的一系列改革措施，如统一文字、货币、度量衡等，不仅加强了秦国的中央集权，更为秦国的统一大业奠定了坚实的基础。在他的辅佐下，秦国的国力日益强盛，军队所向披靡，先后攻灭了韩、赵、魏、楚、燕、齐六国，完成了中国历史上第一次大一统的壮举。

然而，正如古语所言："水能载舟，亦能覆舟。"李斯的一生并非只有辉煌。在秦始皇驾崩后，他因私心作祟，与赵高勾结伪造遗诏，拥立胡亥为帝。这一错误的选择，最终导致了他的悲剧结局。他被赵高诬陷，被腰斩于市，并被夷灭三族。他的故事，既是一段传奇的崛起之路，也是一场深刻的教训。

总的来说，李斯的一生是波澜壮阔的。他用自己的智慧与才华，为秦国的辉煌历史添上了浓墨重彩的一笔。他的崛起，是秦国历史长河中的一个缩影；而他的悲剧结局，则为我们提供了深刻的反思与启示。正如古人云:"君子坦荡荡,小人长戚戚。"只有心怀坦荡、坚守正道的人,才能在历史的洪流中留下永恒的印记。

吕不韦自尽,宫廷风云变幻

> 秦王嬴政的一道旨意,如同晴天霹雳,击碎了吕不韦心中最后一丝希望。

吕不韦,这位曾经的权臣与智者,其人生的终章却以一种令人扼腕叹息的方式缓缓落幕。他曾是那位在商海中游刃有余、慧眼识珠的精明商人,也是那位在政坛上运筹帷幄、决胜千里的杰出丞相。然而,权力的巅峰往往伴随着无尽的孤独与危机,吕不韦的辉煌与陨落,便是对这一残酷真理的深刻诠释。

那是一个深秋的傍晚,天空低垂着厚重的云层,仿佛预示着即将到来的风暴。吕不韦的府邸,这座曾经车水马龙、宾客盈门的豪华府第，如今却显得格外冷清与寂寥。府中的仆人们行色匆匆，脸上写满了不安与忧虑。而吕不韦，这位曾经的权倾一时的大人物，此刻正独自坐在书房的窗前，凝视着窗外那渐渐暗淡的天色，心中充满了无尽的感慨与无奈。

书房内，烛光摇曳，映照着吕不韦那张饱经风霜的脸庞。他的眼神中，既有对过往辉煌岁月的怀念，也有对未来不确定命运的深深忧虑。自从嫪毐之乱后，他的权势便如日薄西山，每况愈下。秦王嬴政的猜忌与不满，如同悬在他头顶的一把利剑，随时可能落下。朝堂之上，那些曾经对他毕恭毕敬的大臣，如今也开始对他投来异样的目光，甚至有人在背后窃窃私语，议论着他的未来。

吕不韦深知，自己的存在已经成为秦王嬴政心中的一根刺。他试图通过隐居、远离政治中心来保全自己，但无奈树欲静而风不止。秦王嬴政的猜忌如同一张无形的网，将他牢牢地束缚在了权力的旋涡之中，无法自拔。他回忆起自己与嬴政的种种过往，那些共商国是、并肩作战的日子仿佛就在昨天，然而如今，一切都已物是人非。

终于，那一天还是到来了。秦王嬴政的一道旨意如同晴天霹雳，击碎了吕不韦心中最后一丝希望。他被剥夺了所有的官职和封地，被流放到了偏远的蜀地。这对于曾经权倾一时的吕不韦来说，无疑是一个沉重的打击。他深知，这不仅仅是权力的丧失，更是尊严与荣耀的陨落。

在那个秋风萧瑟的夜晚，吕不韦独自坐在书房的桌前，面前摆放着一杯毒酒。他凝视着那杯酒，心中五味杂陈。他深知，自己的死，或许能够换来家人的平安，也能够让自己从这场权力的游戏中彻底解脱出来。于是，他毅然决然地拿起了那杯酒，一饮而尽。

那一刻，吕不韦的心中充满了无尽的悲凉与无奈，但也有一丝解脱的释然。他仿佛看到了自己年轻时的模样，那个充满朝气与梦想的青年，如今却以这样一种方式结束了自己的一生。他的眼神渐渐变得迷离，思绪也开始飘远。他仿佛听到了远处的钟声，那是命运的丧钟，在为他敲响最后的送别曲。

吕不韦的自杀身亡震动了整个秦国。人们纷纷议论着他的传奇人生和悲惨结局，感叹着权力的残酷与无常。而吕不韦的名字，也永远地刻在了秦国的历史长河之中，成为永恒的传奇与悲歌。

赵姬退隐,宫廷风波平息

> 这位曾经站在权力巅峰的女人,在经历了无数的风雨与波折后,终于决定从那个充满斗争、权谋与无尽欲望的宫廷中抽身而出。

随着吕不韦的悄然离世,宫廷内外那些风起云涌的波折似乎也随之渐渐平息。赵姬,这位曾经站在权力巅峰、手握生死大权的女人,在经历了无数的风雨与波折后,终于迎来了她人生的新篇章。她选择了退隐,决定从那个充满斗争、权谋与无尽欲望的宫廷中抽身而出,去追寻一片真正属于自己的宁静天地。

嬴政,这个已经逐渐成长为一代明君的儿子,深知母亲心中的疲惫与渴望。他精心为赵姬挑选了一处幽静而雅致的居所,作为她退隐后的安身之所。这里远离了宫廷的喧嚣与纷扰,四周被葱郁挺拔的树木和五彩斑斓的花草所环绕,仿佛是一个遗世独立的世外桃源。居所内,没有了昔日的金碧辉煌与奢华铺张,取而代之的是简单而温馨的布置,每一处细节都透露出家的温暖与安宁,让赵姬在踏入这里的那一刻,就感受到了前所未有的放松与自在。

坐在窗前,赵姬静静地凝视着窗外那悠悠转动的风车,心中涌起一股难以言喻的宁静与满足。那风车仿佛是她人生的缩影,曾经在宫廷中,她就像风车一样,被权力与欲望的狂风吹得团团转,无法停歇。而现在,她终于可以放慢脚步,享受这难得的宁静与自由。

退隐后的生活,对赵姬来说是一种全新的体验。她不再需要每日早起梳妆打扮,以应对宫廷中的种种繁文缛节与尔虞我诈。相反,她可以自由地安排自己的时间,或品茗读书,或刺绣赏花。这些看似平凡而琐碎的事情,让她感受到了前所未有的真实与幸福。

赵姬特别喜欢在居所的小径上漫步,感受着大自然的馈赠。她听着鸟儿的欢歌,看着蝴蝶的翩翩起舞,仿佛自己也融入了这美好的景致之中,成为大自然的一部分。那些曾经困扰她的权力斗争、恩怨情仇,在这一刻都显得那么遥远与渺小。

夜晚时分,是赵姬最为享受的时刻。她会独自坐在院中的石凳上,仰望星空。那满天的繁星,如同她曾经经历过的点点滴滴,闪烁着不同的光芒。她会想起年轻时的自己,那个充满梦想与激情的少女,如何一步步走入宫廷的深渊;也会想起与吕不韦共度的时光,那些欢笑与泪水交织的日子,虽然充满了苦涩与遗憾,但也是她人生中最宝贵的回忆。

然而,如今的赵姬已经学会了放下,学会了珍惜眼前的每一刻。她深知,人生如梦,何必为过去的恩怨而纠结?她更愿意以一种平和的心态去面对生活中的一切。

在退隐的日子里,赵姬也更加注重内心的修养与提升。她常常研读古籍,品味其中的智慧与哲理,试图从中找到人生的真谛与方向。

有时,嬴政会抽空来看望她,让她享受天伦之乐。看着儿子那日渐成熟稳重的脸庞,赵姬心中充满了欣慰与自豪。她知道,自己已经为儿子打下了坚实的基础,现在该是他展翅高飞、一展宏图的时候了。而她,则会在背后默默地支持他、祝福他,成为他最坚实的后盾。

退隐后的赵姬,虽然不再拥有昔日的权势与地位,但她却收获了更加珍贵的东西——内心的平静与家庭的温暖。她的退隐生活,如同一幅宁静而美丽的画卷,缓缓展开在世人面前,让人不禁为之赞叹。正如古人所言:"人生如梦,一尊还酹江月。"赵姬的退隐生活,或许正是对这句话的诠释。

第三章

六合归一：一统天下的壮阔史诗

嬴政全面掌权，改革蓄势待发

> 嬴政的改革，是为了铸就一个强大的秦国，一个能够屹立不倒的金色帝国。

随着赵姬的悄然退隐，秦王宫内的权力格局悄然发生了变化，年轻的嬴政，如同初升的太阳，以其耀眼的光芒，坚定地站上了历史舞台的中央。这位承载着秦国未来无限希望的君主，正缓缓地拉开改革的大幕，誓将秦国推向一个前所未有的辉煌高度。

嬴政的掌权之路并非一帆风顺。在一次朝会上，面对群臣的质疑与挑战，他展现出了超乎常人的冷静与坚定。当一位老臣以"祖制不可违"为由，试图阻挠他的改革计划时，嬴政缓缓起身，那双深邃的眼眸中闪烁着坚定的光芒。他的声音虽然平静，却透露出不容置疑的力量："祖制虽好，但时移世易，若不能与时俱进，何来长治久安？"此言一出，全场瞬间陷入了沉寂，连空气都仿佛凝固了一般。嬴政的威信在这一刻悄然树立，他用自己的智慧与勇气，赢得了群臣的敬畏与尊重。

嬴政深知，改革需从内部开始，于是，他首先着手整顿朝纲，以巩固自己的统治基础。他设立御史大夫，这一职位的设立，极大地加强了中央对地方的监察力度，使得秦国的政治架构更加稳固。同时，他又推行郡县制，这一举措，无疑是对传统诸侯分封制的一次大胆挑战。通过削弱诸侯王的权力，嬴政进一步巩固了中央集权，为秦国的统一与强大奠定了坚实的基础。这一系列举措，如同春风化雨，悄然改变了秦国的政治生态，也为后续的改革铺平了道路。

在经济领域，嬴政更是展现出了非凡的才华与远见。他深知农业是国家的根本，因此，他亲自深入田间地头，与农夫交谈，了解民生疾苦。在一次巡视中，他目睹了农民因水旱灾害而颗粒无收的惨状，心中深感痛惜。因此，当郑国携水利工程图纸入秦献策时，他当即命其为"总工程师"，并下令开始修建。这一工程即后来的"郑国渠"。即使在发现郑国为韩王派来的间谍后，他依然优先考虑秦国民生问题，并选择让郑国继续完成修建工作。这一工程不仅解决了灌溉问题，还使得秦国的粮食产量大幅增加，为国家的繁荣富强提供了坚实的物质基础。同时，嬴政还鼓励商业贸易，降低关税，使得秦国的市场空前繁荣，经济活力四射。这些举措，无疑为秦国的经济发展提供了强大的动力。

在文化方面，嬴政更是有着非凡的远见卓识。他深知，文化的统一是国家统一的重要基石。因此，他下令"书同文"，推广小篆，使得秦国的文字得以统一，文化交流更加便捷。这一举措，不仅促进了文化的传播与交流，还增强了秦国的民族凝聚力。此外，他还设立太学，广招贤才，讲授儒家经典，使得秦国的文化氛围日益浓厚。正如《易经》所言："观乎天文，以察时变；观乎人文，以化成天下。"嬴政的文化改革，正是为了化成天下，使秦国成为一个文化繁荣、思想开放的强国。

然而，改革之路并非坦途，嬴政也面临着前所未有的挑战。当他的改革触及某些既得利益者的底线时，必然会遭到强烈的反对。其中，"焚书坑儒"这一极端措施，更是引发了巨大的争议。这一举措，虽然在一定程度上消除了思想上的分歧，巩固了嬴政的统治，但也付出了沉重的代价。许多珍贵的典籍被焚毁，许多有识之士被杀害，这无疑是对文化的一次巨大破坏。然而，从历史的长远角度来看，这一举措也反映了嬴政改革决心之坚定，他不惜一切代价也要推动秦国向前发展，实现自己的宏伟蓝图。

在这样的背景下，秦国的未来仿佛被一层神秘的面纱所笼罩，既充满了未知的挑战，也孕育着无限的希望。嬴政的全面掌权，如同一股不可阻挡的洪流，冲刷着旧有的秩序，也为新的时代铺垫了道路。他深知，自己肩负着前所未有的使命，必须带领秦国走出一条全新的道路，实现国家的长治久安。

为了实现这一目标，嬴政不仅在国内推行了一系列改革措施，还积极对外扩张，试图统一六国。他派遣大将王翦、蒙恬等人，率领秦军南征北战，所向披靡。经过多年的浴血奋战，秦国终于成功吞并了六国，实现了天下的统一。这一壮举，不仅彰显了秦国的强大实力，也证明了嬴政的卓越领导才能。

统一六国只是嬴政改革之路的起点，他还有更为宏大的计划。为了巩固统治，他下令将六国的兵器收缴上来，铸成十二个巨大的金人，象征着天下的和平与统一。这一举措，不仅彰显了秦国的强大与繁荣，也寄托了嬴政对天下太平的美好愿景。

正如《史记》所载："秦始皇既立，并兼六国，销锋镝，铸以为金人十二，以弱天下之民。"嬴政的改革，正是为了铸就一个强大的秦国，一个能够屹立不倒的金色帝国。他用自己的智慧与勇气，书写了一段传奇的历史篇章。而这一切，都只是开始，改革的浪潮正蓄势待发，准备在历史的长河中掀起一场惊天动地的变革。嬴政，这位伟大的君主，将带领秦国走向更加辉煌的未来。

战略部署,远交近攻

赢政在统一六国的过程中,充分运用了"伐谋"和"伐交"的手段,以最小的代价取得了最大的胜利。

随着赢政的全面掌权与改革的深入,秦国如一头觉醒的雄狮,逐渐展露出其锋利的獠牙。赢政,这位年轻的秦王,深谙"上兵伐谋"之道,他深知要实现统一六国的宏图大业,仅凭内政改革远远不够,必须辅以高瞻远瞩的战略部署和灵活多变的军事策略。于是,在谋士们的簇拥下,他精心布局,制定了"远交近攻"的战略方针。

"远交",是赢政战略中的柔和一面,也是他深谙外交之道的体现。在攻打韩国之前,赢政派遣使臣前往齐国,携带厚礼,表达秦国的友好意愿。使臣以优雅的言辞,向齐王阐述了秦国愿意与齐国共谋天下和平的愿景,并承诺在攻灭其他国家后,不会侵犯齐国的利益。齐王听后,虽心有疑虑,但面对秦国的强大实力,最终还是选择了与秦国结盟,共同对抗其他国家。这一外交策略,成功地为秦国攻灭韩国创造了有利的外部环境。

公元前247年,与楚国结盟:为了稳住南方的强敌楚国,秦国在嬴政继位初期便与其展开了外交谈判。嬴政派遣使臣携带重礼前往楚国,表达了秦国愿意与楚国和平共处的意愿。经过多轮谈判,两国最终达成了结盟协议,为秦国后续的军事行动创造了有利的外部环境。

公元前238年,与齐国互称帝号:为了进一步孤立赵国,秦国与齐国进行了外交上的互动。嬴政与齐王建互相称帝,通过这一举动,秦国成功地将齐国拉到了自己的阵营中,使得赵国在孤立无援的情况下更容易被攻破。

"近攻",则是嬴政战略中的锋利之剑,展现了他果断决绝的一面。

公元前230年,灭韩国:作为"远交近攻"战略的第一步,秦国首先选择了实力较弱的韩国作为攻击目标。嬴政派遣内史腾率军攻打韩国,经过激烈的战斗,秦军成功占领了韩国都城新郑,俘虏了韩王安,韩国灭亡。这一胜利为秦国后续的军事行动奠定了基础。

公元前229年至前228年，灭赵国：在成功灭掉韩国后，秦国将目标转向了实力强大的赵国。嬴政采纳了李斯的建议，采取了"反间计"来削弱赵国的实力。他花费重金收买了赵王身边的近臣郭开，让其在赵王面前散布谣言，导致赵国大将李牧被撤职。随后，秦军趁机发动猛攻，在王翦的率领下成功攻破了赵国的都城邯郸，俘虏了赵王迁，赵国灭亡。这一战役成为"远交近攻"战略中的经典战例。

公元前225年，水淹大梁灭魏国：在攻打魏国时，秦军遇到了大梁城坚固的防御。然而，秦将王贲并没有选择硬攻，而是观察地势后采取了水攻的策略。他命令士兵挖掘渠道，将黄河、鸿沟的水引来灌注到大梁城中。不久，大梁的城墙壁垒全被浸坍，魏王假只得投降，魏国灭亡。这一战役再次展现了嬴政在战略部署上的灵活多变和果断决绝。

"远交近攻"的战略方针，不仅为秦国的扩张之路铺平了道路，也为嬴政统一六国奠定了坚实的基础。在这一战略的指引下，秦国如同一台精密的战争机器，不断蚕食着其他国家的领土，扩大着自己的疆域。每一次胜利都使得秦国的国力更加强盛，也为嬴政最终实现统一六国的目标积累了宝贵的经验和信心。

正如《孙子兵法》所言："故上兵伐谋，其次伐交，其次伐兵，其下攻城。"嬴政在统一六国的过程中，充分运用了"伐谋"和"伐交"的手段，以最小的代价取得了最大的胜利。他的"远交近攻"战略，不仅是中国古代战争史上的经典之作，也为后世留下了宝贵的战略思想遗产。

韩国覆灭，统一初战告捷

> 秦军如潮水般涌入城内，韩国都城新郑最终沦陷在秦军的铁蹄之下。此战之后，秦王更加坚定了一统天下的信念。

咸阳宫内，春日的暖阳透过雕花窗棂，斑驳地洒在秦王政那坚毅的面庞上。他正襟危坐，双眸如同深渊般深邃，手中紧握的竹简，仿佛承载着秦国历代君王对于东方政策的无尽探索与沉思。窗外，春风轻拂，带来阵阵花香与泥土的清新，万物复苏，生机勃勃，而秦王政的心中却是一片波澜壮阔、跌宕起伏的历史画卷，正缓缓展开。

他的思绪穿越回遥远的岁月，秦穆公时代，那是一个英雄辈出的时代，也是秦国初露锋芒的时代。然而，晋国内乱，秦穆公本欲趁机控制这片肥沃的土地，却不料反被其复杂的政治旋涡所吞噬，最终未能如愿。这一历史教训，如同一把锐利的刻刀，在秦王政的心上刻下了深深的烙印，让他深刻理解到，干涉他国内政，往往伴随着不可预知的风险与代价。

随着思绪的流转，秦王政的眼前又浮现出秦献公迁都栎阳、秦孝公迁都咸阳的坚定步伐，那是秦国由弱转强的关键转折点。每一次迁都，都伴随着秦人对于未来的无限憧憬与决心。再到惠文王时期，秦国以雷霆万钧之势夺取河西地区，那辉煌的胜利，照亮了秦国的未来之路。然而，胜利之后，面对六国联盟的坚固防线，秦国却陷入了前所未有的迷茫与困境。

秦昭王时期，秦国曾两次攻打魏国国都大梁，那座坚不可摧的城池，凭借险要的地理位置与其他国家的支援，成为秦国难以逾越的屏障。秦昭王又尝试结交齐国、燕国和楚国，企图孤立赵国，打破六国的联盟，但无奈六国之间的关系错综复杂，让秦国的外交努力屡屡受挫。这些失败的经历，如同一块块沉重的巨石，压在秦王政的心头，让他更加坚定了寻找新战略目标的决心，誓要打破这僵持的局面，为秦国的统一大业开辟新的道路。

在一个星光璀璨的夜晚，秦王政独自坐在书房中，面对着堆积如山的典籍与地图，他的目光在韩国的疆域上停留了许久。韩国,这个地处中原腹地、紧邻秦国且实力相对较弱的国家,如同一颗熟透的果实,正等待着秦国的采摘。若能一举灭韩,不仅能极大鼓舞秦军的士气,更能为后续的统一战争奠定坚实的基础,如同一把钥匙,打开通往六国统一的大门。

于是,公元前230年的春天,秦王政果断下令大将军王翦率领精锐之师出征韩国。王翦,这位身经百战、威名赫赫的将领,接到命令后,立刻开始紧锣密鼓地筹备出征事宜。他精心挑选了五万精兵强将,每一位都是经过严格训练的勇士,他们如同锋利的刀刃,准备在战场上冲锋陷阵。同时,王翦还准备了充足的粮草与武器,确保大军在远征途中无后顾之忧。

出征之日,秦军士气高昂,旌旗招展,如同一片翻涌的海洋。王翦站在大军之前,他那高大魁梧的身躯如同一座巍峨的山岳,声音洪亮如钟,响彻云霄:"将士们,此行我们的目标是韩国都城新郑!我们要以雷霆万钧之势,一举攻破新郑,俘虏韩王安,为秦国的统一大业立下赫赫战功!让我们的名字,载入史册,流芳百世!"士兵们闻言,纷纷高呼:"誓死效忠秦王!誓死效忠秦国!"那声音,如同滚滚雷鸣,震撼人心。

经过数日的行军,秦军终于抵达了新郑城下。那座古老的城池，在秦军的包围下显得如此渺小与脆弱。王翦指挥士兵们架起云梯，向城墙发起猛烈的攻势。城上的韩军虽然奋力抵抗，但在秦军那如潮水般的攻势下，渐渐显得力不从心。城墙上，一名韩军将领手持长剑，他那坚毅的眼神中透露出不屈的意志，高声喊道："兄弟们，为了韩国，为了我们的家园，拼死一战！我们绝不能让秦军踏入新郑半步！"然而，他的呼喊虽然激昂，却未能挽回败局。新郑城的城墙，在秦军的猛攻下，终于轰然倒塌，秦军如潮水般涌入城内，韩国都城新郑，最终沦陷在了秦军的铁蹄之下。

韩王安在绝望中选择了投降。他站在宫殿的高台上，望着满眼的战火与硝烟，心中充满了无奈与悲凉。他缓缓走下高台，每一步都如同踩在刀尖上。象征韩国王权的玉玺，在他手中显得格外沉重。当他将玉玺交给秦军将领的那一刻，韩国的历史画上了句号。那一刻，韩王安的眼中，既有对过去的怀念，也有对未来的迷茫。

秦王政得知韩国覆灭的消息后，龙颜大悦，笑容中既有胜利的喜悦，也有对未来的期待。他深知，这一战，不仅是对韩国的胜利，更是对秦国统一六国战略的重大胜利。他引用《孙子兵法》中的名言："知己知彼者，百战不殆；不知彼而知己，一胜一负；不知彼，不知己，每战必殆。"告诫大臣们，只有深入了解敌我双方的情况，才能制定出切实可行的战略,取得最终的胜利。秦王政的话语,如同春风化雨,滋润着大臣们的心田,也让他们对秦国的未来充满了信心。

韩国的覆灭,预示着秦国统一六国征程的正式开启。秦王政站在咸阳宫的高台上,望着远方的天空,他的心中充满了对未来的憧憬与信心。他知道,统一六国的征途还很长,前路必然布满荆棘与挑战,但只要坚定信念,勇往直前,就一定能够实现那伟大的梦想,让秦国成为天下共主,让秦旗飘扬在每一寸土地上。那一刻,秦王政的眼中闪烁着无尽的光芒,那是对未来的期许,也是对胜利的渴望。

灭赵之战,李牧之死

> 李牧,这位被誉为"边关长城"的赵国将领,最终在阴谋与谗言之下陨落。

公元前229年的深秋,寒风萧瑟,卷起阵阵黄土,天地间仿佛被一层淡淡的忧伤所笼罩。秦国的大军,如同一股不可阻挡的黑色洪流,缓缓逼近赵国的边境,战马的嘶鸣和士兵的踏步声交织成一曲悲壮的战歌。秦王政站在咸阳宫的城楼上,身形挺拔,目光如炬,穿透层层云雾,仿佛已经穿透了时空的界限,看到了远方的赵国,以及那即将被他征服的土地。他的心中有一个坚定不移的信念——灭赵,统一六国,完成先祖未竟的统一大业。探寻这一信念的萌芽,就要提到那位曾经辉煌一时却又留下无尽遗憾的赵武灵王。

赵武灵王,一个曾在赵国历史上留下浓重一笔的雄主。他以非凡的胆识和魄力,推行"胡服骑射"的改革,使赵国的军力大增,一度成为战国七雄中的佼佼者,令各国闻风丧胆。然而,天不假英才,赵武灵王的英年早逝和随后的宫廷政变,如同一场突如其来的风暴,将赵国从巅峰推向了衰落的深渊。如今,秦国看到了这个可以乘虚而入的机会,秦王政决心要抓住这个历史的契机,将赵国彻底征服,为自己的统一大业奠定坚实的基础。

赵国,这个曾以勇猛善战著称的北方强国,此刻正笼罩在一片阴霾之中,仿佛预示着即将到来的灾难。赵国的希望与支柱,无疑便是那位名震天下的将领——李牧。李牧,字长卿,自幼便展现出与众不同的军事才能,仿佛天生就是为了战场而生。他曾在赵国北部边境抵御匈奴的入侵,以少胜多,屡建奇功,被誉为"边关长城",是赵国的一道坚不可摧的防线。他治军严谨,爱护士卒,深得军心,无论是在战场上还是在军营中,都展现出了卓越的领导才能和人格魅力。

然而,这位赵国的名将,此刻却已经被赵王迁的猜疑和秦国间谍的谣言所困,身陷囹圄,如同一只被囚禁的雄鹰,失去了翱翔天空的自由。在阴暗潮湿的地牢里,李牧的头发披散,面容憔悴,但眼神中依然闪烁着不屈的光芒,那是对命运的抗争，也是对忠诚的坚守。他回忆起自己曾经带领赵军，在广袤的草原上驰骋，与秦军、匈奴殊死搏斗的日子，心中充满了无尽的遗憾和不甘。那些曾经的辉煌，如今却只能成为他心中的回忆，如同梦中的泡影，一触即破。

"大王啊，你为何听信谗言，将我囚禁？"李牧呐喊，他的声音虽然微弱，却充满了无尽的悲愤和无奈。然而，这声音却只能回荡在狭小的地牢里，无法传到赵王迁的耳中，更无法改变他命运的轨迹。

与此同时，秦将王翦正指挥着秦军，如潮水般向赵国发起了猛烈的攻势。王翦深知，李牧是赵军的灵魂，是横亘在秦军统一道路上的最大障碍。只要除去了李牧，赵军便如同一盘散沙，不堪一击。因此，他倾尽全力，调兵遣将，对赵军进行了疯狂的进攻，誓要将赵国彻底征服。

战场上，硝烟弥漫，刀光剑影，杀声震天。赵军虽然奋力抵抗，但在秦军的强大攻势下，渐渐不支。士兵们一个个倒下，鲜血染红了大地，仿佛连天空都被染上了一层悲壮的色彩。而李牧，这位曾经令敌人闻风丧胆的将领，却只能在地牢里，听着远处的战鼓声和厮杀声，心中充满了无尽的痛苦和无奈。他仿佛看到了赵军的败退，看到了赵国的覆灭，看到了自己忠诚的信仰在熊熊烈火中燃烧殆尽。

终于，赵王迁在秦军的铁蹄下颤抖着双手，将象征赵国王权的玉玺交给了秦军将领。这一刻，赵国的历史画上了句号，一个曾经辉煌的国度就这样在战火中陨落了。而李牧，在得知赵国覆灭的消息后，心中的痛苦和绝望达到了顶点。他选择了以死明志，不愿看到赵国的旗帜在自己手中倒下，更不愿自己的忠诚被玷污。

李牧的死讯传遍了赵国，人们纷纷为他的忠诚和英勇而惋惜，也为赵国的覆灭而哀叹。而秦王政在得知李牧之死的消息后，也陷入了沉思。他深知，李牧不仅是一位杰出的将领，更是一位忠诚的臣子。他的死，是赵国的损失，也是战国的遗憾。

秦王政轻声叹息，也更加坚定了统一六国的决心。在他看来，赵国的灭亡，不仅是秦国军事力量的胜利，更是对赵武灵王未竟事业的继承与超越。他知道，只有统一六国，才能结束这种英雄末路的悲剧，让天下归于一统，实现真正的和平与繁荣。

燕国挑衅，荆轲刺秦

> 荆轲刺秦，秦王政怒不可遏，他一声令下，秦军如同黑色的洪流一般，势不可挡地席卷燕国。

随着赵国那面曾经迎风飘扬、象征着荣耀与坚韧的旗帜黯然落地，燕国，这个位于北方寒土之上的小国，瞬间陷入了前所未有的危机之中。它如同风雨中漂泊的孤舟，摇曳不定，随时可能被汹涌的波涛吞噬。燕太子丹，一个年轻而英俊的皇室成员，他的眼神中总是闪烁着不屈的光芒与深深的仇恨。在赵国为质的那些漫长岁月里，他亲眼见证了秦王政的冷酷无情与勃勃野心，那是一段烙印在他心头、永远无法抹去的屈辱历史。

太子丹深知，以燕国之力，正面抗衡秦国无异于以卵击石，但他绝不愿坐以待毙，更不愿看着燕国的百姓在秦军的铁蹄下呻吟。于是，他决定采取一种极端而决绝的方式来对抗即将到来的灾难——刺杀秦王政，这个震撼人心的计划在他心中悄然成形。

在燕国的深宫之中，太子丹秘密召集了一群勇士，他们或来自江湖，或出身军旅，但无一例外，他们都充满了勇气与决心。其中，最为引人注目的便是荆轲，这位身材魁梧、面容冷峻的侠客有着滚烫的心和不屈的灵魂，仿佛是天生的战士，专为战场而生。当太子丹向他透露刺杀秦王的计划时，荆轲没有丝毫的犹豫与畏惧，毅然决然地接下了这个几乎不可能完成的任务。他深知，这不仅仅是对自己武艺与智慧的考验，更是对忠诚与勇气的终极挑战。

为了提高成功的几率，太子丹提出了一个令人震惊的计划——献上樊於期的人头作为见面的礼物。樊於期曾经是秦国大将，因不满秦王的暴政而叛逃至燕国，成为秦王政心头一根难以拔除的刺。当荆轲找到樊於期，说明来意时，樊於期的眼中闪过一丝惊愕与痛苦，但很快就被坚定的决心所取代。他深知，自己的死，或许能为燕国带来一线生机，为那些无辜的百姓争取到一丝喘息的机会。于是，他毅然决定牺牲自己，以助荆轲一臂之力。那一刻，他的身影在夕阳的余晖中显得格外高大而悲壮。

公元前227年的深秋,易水河畔,寒风如刀,刺骨地冷。荆轲身着白衣,手持长剑,站在船头,目光坚定地望向远方。他的身后,是太子丹与一众勇士,他们的眼神中充满了不舍与期待,仿佛是在为荆轲送行,也是在为燕国的未来祈祷。荆轲轻声吟唱着那句古老的歌谣:"风萧萧兮易水寒,壮士一去兮不复还。"他的声音虽然低沉,却充满了力量与决绝,仿佛是在为自己壮行,也是在与这片生他养他的土地做最后的告别。

抵达秦国后,荆轲凭借着过人的机智与勇气,成功获得了秦王政的召见。在金碧辉煌的秦宫大殿中,他缓缓展开那幅精心准备的燕国督亢地图,每一个细节都经过了他的精心策划。秦王政的目光被深深吸引,他好奇地注视着那幅地图,却未曾察觉到隐藏在其中的杀机。然而,就在这一刻,图穷匕见,荆轲猛然拔出藏在地图中的锋利匕首,如同一道闪电般向秦王政刺去。他的动作迅捷而果断,仿佛是在一瞬间将所有的仇恨与愤怒都凝聚在了这一击之中。

秦王政大惊失色,他万万没想到在这个看似平常的朝见中竟然隐藏着如此凶险的阴谋。但多年的征战经验使他迅速反应过来,他奋力挣脱荆轲的束缚,大声呼救。侍卫们闻声赶来,将荆轲团团围住。荆轲虽然勇猛无比,但终究寡不敌众,他在激烈的搏斗中逐渐体力不支,最终倒在了血泊之中。他临死前那双充满不甘与遗憾的眼睛,仿佛在向世人诉说着他未竟的壮志与对自由的渴望。

荆轲刺秦的失败,如同一块巨石投入了平静的湖面,激起了层层涟漪。秦王政怒不可遏,他视此为燕国对自己的公然挑衅与侮辱,决定立即发动对燕国的全面进攻。他调集大军,如同黑色的洪流一般,势不可挡地席卷了燕国的每一寸土地。秦军的铁蹄所过之处,生灵涂炭,百姓流离失所,燕国陷入了前所未有的灾难之中。

燕国军民虽然奋力抵抗,但终究无法抵挡秦军的凌厉攻势。燕王喜在绝望中选择了投降,他颤抖着双手将象征着燕国王权的玉玺交给了秦军将领。那一刻,燕国的历史画上了句号,一个曾经辉煌一时的国度就这样在战火中陨落了。

荆轲刺秦的故事虽然以悲剧收场,但却成为历史上一段永恒的传奇。它不仅仅是一个关于勇气与牺牲的故事,更是小国在面对大国威胁时那种无畏抗争精神与对自由渴望的生动写照。荆轲的英勇与悲壮将永远铭刻在历史的长河中,激励着后人不断前行。

秦王政在灭掉燕国后,心中充满了对未来的憧憬与期待,但也深知统一之路还很长很艰难。他轻声吟诵着那句古诗:"路漫漫其修远兮,吾将上下而求索。"这句话仿佛是对他内心世界的真实写照,也是他对未来征途的坚定承诺。他深知,只有不断前行,才能最终实现那个伟大的梦想——统一六国,让天下归于一统,实现真正的和平与繁荣。而荆轲的故事,也将成为他心中永远的警钟,提醒他在追求权力的道路上不要迷失自我。

魏国终结，水淹大梁

> 秦军将领下令决堤放水的那一刻，天地仿佛为之变色。魏王假无奈投降，魏国彻底灭亡。

在战国烽火连天、英雄辈出的年代，魏国曾是傲视中原的霸主，以其深厚的文化底蕴和如日中天的军事实力，犹如一颗璀璨的明珠，镶嵌在群雄逐鹿的版图上。然而，历史的车轮从来不会因为任何辉煌而停留，它滚滚向前，无情地碾过了无数王朝的兴衰更替。当秦国的铁骑在公元前225年踏破韩赵两国的疆土，那股不可阻挡的统一之势，也将魏国的命运悄然推向了终点。

魏国的疆域横跨山西南部的崇山峻岭，延伸至河南北部的广袤平原，涉及陕西、河北的肥沃土地。西与强秦接壤，东望淮水、颍水，与齐国、宋国遥相呼应；南界鸿沟，与楚国相邻而居；北接赵国，共同守护着这片土地的安宁。这样的地理位置，既赋予了魏国四通八达的交通优势，也让它成为四战之地，饱受战火侵扰。然而，正是在这片土地上，魏文侯以其非凡的胆识和远见，引领魏国走上了崛起的道路。

魏文侯，这位被后世誉为"战国第一雄主"的君主，他重用士人，推行变法，使魏国在短时间内实现了政治清明、经济繁荣、军事强大的华丽转身。李悝的法治思想，吴起的军事改革，如同两股强劲的东风，吹拂着魏国这片古老的土地。他们携手并进，共同书写了魏国辉煌的篇章。然而，历史总是充满了变数，魏武侯的短视和魏惠王的失误，如同两把锋利的刀，悄然割裂了魏国的辉煌与未来。

当秦王嬴政那冷峻的目光转向魏国时，魏国的都城大梁，这座历经百年风雨的古城，已经变得斑驳而沧桑。大梁城，这座曾经的魏国政治、经济、文化中心，以其高耸的城墙、深邃的护城河、密布的箭楼，构成了魏国最后的防线。然而，魏王假，这位末代君主，虽然深知秦军的强大与残暴，却未能洞察到大梁城隐藏的致命弱点——地势低洼，易受水患。早在魏安釐王时期，信陵君无忌就曾忧心忡忡地指出："若秦军以水为兵，大梁必亡。"然而，这句警世之言，却如同石沉大海，未能引起魏王假的足够重视。他只知道一味地加高城墙，却忽视了水患这一潜在的威胁。

公元前225年，秦将王贲，这位年轻果敢、智勇双全的小将军接到攻打大梁的命令，并没有急于发动进攻，而是先带领幕僚们仔细踏勘了大梁城周围的地形。王贲是王翦之子，他继承了父亲的英勇与智慧，更有着自己独到的见解和胆识。他深知，强攻大梁必将损失惨重，而利用水患破城则是上策。于是，他精心策划了一场惊心动魄的水攻之战。

王贲兵分三路：一路继续攻城，以吸引魏军的注意力；一路则登上黄河大堤，挖掘堤防，开凿水渠，为决堤放水做好准备；第三路则进至汴河上游，壅堤拦坝，蓄积水源。这三路大军如同三张巨大的网，悄然将大梁城紧紧包围。当一切准备就绪后，王贲下令决堤放水，那一刻，天地仿佛为之变色。

滚滚黄河水和汴河水，如同脱缰的野马，带着无尽的愤怒和力量，冲向大梁城。那高耸的城墙在洪水的冲击下，如同纸糊的一般，轰然倒塌。城内，魏军和百姓惊慌失措，四处逃散。他们有的被洪水吞没，有的被倒塌的房屋砸死，有的则被秦军的刀枪所伤。洪水肆虐之下，大梁城瞬间变成了一片汪洋，到处都是哭喊声、哀号声，血水与泥水交织在一起，惨不忍睹。

秦军则乘着木排斗船，手持长戈大戟杀入城中。他们如同鬼魅一般,在废墟中穿梭,搜寻着魏军的残兵败将。一时间,城内惨叫声、哭号声此起彼伏,血水肉浆翻腾不息。魏王假和文武百官及嫔妃宫娥,虽然被宫墙暂时保护,但面对这灭顶之灾,他们也束手无策,只能眼睁睁地看着自己的王国走向毁灭。最终,魏王假只能无奈投降,被王贲押解回咸阳,魏国彻底灭亡。

此战之后,大梁城化为一片废墟,曾经的辉煌与繁华都随着洪水的退去而烟消云散。王贲利用水患破城,不仅展现了其卓越的军事才能和深邃的战略眼光,也再次证明了"兵者,诡道也"的真理。他巧妙地运用了伐谋的策略,以最小的代价取得了最大的胜利,为秦国的统一大业立下了汗马功劳。

魏国的终结,不仅是一段历史的结束,更是对后世的一种警醒和启示。魏国的辉煌与衰落,无不是其领导者决策的结果。魏文侯的英明与远见,使魏国迅速崛起;而魏武侯的短视和魏惠王的失误,则使魏国逐渐走向衰落。"以史为镜,可以知兴替。"魏国的历史就是一面镜子,让我们从中汲取教训,警醒未来。

征服楚国，王翦的持久战

在经过了数年的持久战后，楚国的国力被严重削弱，走上了灭亡的道路。

公元前224年，燕国的城墙在夕阳的余晖中投下了长长的影子，仿佛是大自然为这即将消逝的国度默哀。秦国的铁骑并未因接连的胜利而有丝毫懈怠，他们那如炬的目光已经转向了南方，那片广袤无垠、文化灿烂的楚国大地。此刻的楚国，正被一片浓重的阴云所笼罩，昔日的辉煌似乎已渐行渐远。

秦王政站在咸阳宫的高台之上，凝视着远方，心中涌动着复杂的情感。他对统一的渴望如同熊熊燃烧的烈火，但深知前方的道路将布满荆棘，尤其是面对楚国这个历史悠久的南方大国。强大与坚韧的楚国，曾是秦国统一道路上的一块绊脚石，而如今，这块绊脚石即将迎来它命运的转折点。

回想起战国初期，楚国曾一度陷入困境，内忧外患交织，国家岌岌可危。然而，楚悼王的上台为楚国带来了转机，他犹如一束光，照亮了楚国前行的道路。楚悼王慧眼识珠，任命军事家、政治家吴起为令尹，赋予他实施改革的重任。吴起，这位才华横溢的智者，没有辜负楚悼王的期望，他在楚国推行了一系列变法，犹如春风吹拂大地，为楚国注入了新的活力。

吴起首先废除了世卿世禄制，剥夺了无功贵族的爵禄，奖励有功将士，这一举措极大地激发了军队的斗志和士气。同时，他还整顿了官场，裁汰冗官，重用贤能，使得楚国政治清明，官员廉洁奉公，国家机器运转高效。此外，吴起还注重军事训练，提高军队的战斗力，使得楚国军队在战场上所向披靡。经过吴起变法，楚国国力显著增强，出现了"南平百越，北并陈蔡，却三晋，西伐秦"的强盛局面，楚国再次屹立于诸侯之列，成为一股不可小觑的力量。

然而，吴起变法也触动了楚国旧贵族的利益，他们心怀不满，暗中阻挠变法的实施。随着楚悼王的逝世，这些旧贵族开始反攻倒算，吴起惨遭杀害。虽然吴起的生命戛然而止，但他所推行的变法却深深烙印在楚国人民的心中，为楚国的未来埋下了希望的种子。

时光流转，岁月如梭。转眼间，历史的车轮驶入了公元前224年，秦王政决定对楚国发起总攻。他深知这场战役的重要性，因此召见了那位被誉为"常胜将军"的老将——王翦。王翦是一位身经百战、智勇双全的将领，他表情坚毅，眼神深邃，仿佛能洞察人心。他站在秦王政面前，接受了这个艰巨的任务，心中充满了必胜的信念。

接到任务后，王翦并未急于出兵，而是先派出了精锐的斥候部队。这些斥候如同山林间的幽灵，悄无声息地潜入楚国腹地，刺探军情，破坏后勤，为秦军的后续进攻提供了宝贵的情报和地形图。同时，王翦还利用秦国的经济优势，对楚国实施了严密的经济封锁。他切断了楚国获取粮食、兵器等战略物资的渠道，使得楚国的国力逐渐衰退，军队士气低落。这一系列的举措，为王翦后续的军事行动奠定了坚实的基础。

公元前224年末至公元前223年初，王翦在战场上展现出了卓越的指挥才能。他灵活运用战术，时而发起猛烈的进攻，时而又故意撤退，诱使楚军追击，然后在半路设下埋伏。这种忽进忽退的战术让楚军摸不着头脑，疲于奔命。在一次关键的战役中，公元前223年春，王翦故意让一支部队在楚军面前败退，引得楚军主帅项燕率军追击。项燕，这位楚国的名将，勇猛无比，他率领着楚军精锐部队一路追击秦军，势如破竹。

然而，当楚军追至一片密林时，突然遭到了秦军伏兵的猛烈攻击。原来，王翦早已在此设下埋伏，等待着楚军的到来。秦军伏兵从四面八方涌出，喊杀声震天动地。项燕虽然勇猛无比，但在秦军的围攻下渐渐力不从心。他挥舞着手中的长剑，拼死抵抗，但终究无法抵挡秦军的强大攻势。最终，项燕战死沙场，他的英勇和悲壮成为楚国人民心中永远的痛。

项燕的战死极大地打击了楚军的士气，使得楚军陷入了混乱和恐慌之中。王翦看准时机，指挥秦军发起了猛烈的进攻。秦军将士奋勇向前，势不可挡。他们挥舞着手中的刀枪剑戟，与楚军展开了殊死搏斗。战场上硝烟弥漫，火光冲天，喊杀声、哀号声交织在一起，构成了一幅惊心动魄的画面。

这场持久战并非易事。在接下来的一年里，王翦在战场上度过了无数个不眠之夜。他时刻关注着战局的进展，调整着战术策略。他深知，只有不断消耗楚国的国力，才能最终实现胜利。因此，他采取了稳扎稳打的战术，逐步推进，逐步蚕食楚国的领土。

公元前223年末，在经过了数年的持久战后，楚国的国力被严重削弱，军队士气低落到了极点。王翦看准时机，决定发起总攻。他亲自率领秦军主力,如同黑色的洪流般冲破了楚军的防线,直逼楚国都城郢都。秦军将士奋勇向前,他们踏着楚军的尸体和鲜血,一步步向郢都逼近。

在郢都的城墙上,楚军将士拼死抵抗,但终究无法抵挡秦军的强大攻势。秦军将士如同潮水般涌上城墙,与楚军展开了肉搏战。刀光剑影中,鲜血飞溅,哀号声此起彼伏。当秦军的旗帜在郢都城头飘扬时,楚王负刍知道一切都已无法挽回。他站在宫殿的最高处,凝视着这片他深爱的土地,眼中充满了不舍与无奈。最终,他选择了自焚以殉国,表达了他对楚国的深深眷恋和无尽忠诚。那一刻,楚国的历史也画上了句号。

王翦站在楚国的城头上,望着这片曾经属于楚国的土地,心中感慨万千。他知道,这场持久战的胜利不仅是他个人的荣耀,更是秦国无数将士用鲜血和生命换来的。他深知,战争虽然残酷,但和平却更加珍贵。因此,在征服楚国后,王翦并没有继续扩张战争,而是致力于恢复楚地的经济和社会秩序。他派遣官员到各地安抚百姓,减免赋税,鼓励农耕和商业发展。在他的努力下,楚地逐渐恢复了生机和活力,人民安居乐业,社会呈现出繁荣稳定的景象。

楚国被征服不仅是秦国统一六国的重要一步,更是王翦军事生涯的巅峰之作。他以持久战术成功消耗了楚国的实力,最终实现了对楚地的统一。这一战役的胜利彰显了秦国的强大实力和王翦作为一代名将的卓越才能，成为后世传颂的佳话。王翦那深沉内敛、智勇双全的形象也永远镌刻在了历史的长河中，成为后人学习和敬仰的楷模。

齐国不战而降,统一大业完成

> 当秦国的铁蹄踏平五国后,齐国却以一种令人扼腕叹息的方式退出历史的舞台,令人唏嘘不已。

齐国,这颗镶嵌在东方的璀璨明珠,以其独有的辉煌与衰败,绘就了一段波澜壮阔、令人唏嘘不已的历史长卷。从姜尚以智勇之姿开国奠基,到齐桓公霸业天成、威震四方,再到田氏代齐的权谋更迭、风云变幻,齐国的历史犹如一幅色彩斑斓的画卷,缓缓铺展在世人面前,让人叹为观止。

历史的指针悄然指向公元前221年,秦国统一六国的雄浑脚步已近在咫尺,齐国却以一种令人扼腕叹息的方式,选择了不战而降,为这段波澜壮阔的历史篇章画上了一个沉重而悲壮的句号。

那时的齐国,早已褪去了往昔的辉煌与荣耀。齐湣王田地,那位曾怀揣着称霸天下宏伟梦想的君主,因一时冲动灭宋,却引来了五国伐齐的滔天灾难,最终落得个身首异处的凄凉下场。他的继任者,齐襄王与齐王建,虽然曾凭借田单那惊世骇俗的"火牛阵"收复了部分失地,但国家的元气早已大伤,再也无法与秦国那如日中天的势力相抗衡。

秦国在秦王嬴政的英明领导下,正以雷霆万钧之势席卷六国。嬴政,这位被后世誉为"千古一帝"的君主,以其深邃的战略眼光和铁腕手段,将秦国的国力推向了前所未有的巅峰。他深知,要统一六国,必须分化瓦解、逐个击破。于是,他精心选择了齐国作为最后的突破口,展开了一场惊心动魄的"攻心战"。

为了笼络齐国,嬴政不惜重金收买了齐国的权臣后胜和使者。这些被金钱腐蚀的灵魂,如同蛀虫一般,悄然潜入了齐国的朝堂,成为秦国在齐国的"内应"。他们不断地向田建灌输"秦齐友好"的迷魂汤,用甜言蜜语编织着一个个美丽的谎言,让这位本就缺乏决断力、性格懦弱的君主更加沉迷于虚幻的和平之中。甚至当秦国的大军已经逼近齐国的边境,战鼓声震耳欲聋时,田建还沉浸在秦国编织的"友好"梦境中,无法自拔,如同一只被温水煮的青蛙,渐渐失去了跳跃的能力。

那是一个风和日丽、春意盎然的日子，秦国的使者带着嬴政的亲笔信和丰厚的礼物，踏上了齐国的土地。在金碧辉煌、气势恢宏的宫殿中，田建与秦国使者把酒言欢，谈笑风生。使者口若悬河，滔滔不绝地讲述着秦齐两国的友好关系，以及共同对抗其他诸侯国的"美好愿景"。田建听得如痴如醉，仿佛看到了两国携手共进、共谋天下的未来。然而，他却没有察觉到使者眼中闪过的那一丝狡黠与阴冷，如同暗夜中的毒蛇，正悄然准备着致命的一击。

就在这样轻松愉快的氛围中，田建与秦国签订了那份看似公平实则充满陷阱的秦齐互不侵犯条约。他以为这份条约能够像一道坚固的屏障，保障齐国的安全与稳定。殊不知，这只是秦国麻痹他、诱他深入陷阱的手段。当秦国的铁蹄踏破齐国的边境，如潮水般汹涌而来时，田建才恍然大悟，但为时已晚。他如同一只被囚禁在笼中的鸟儿，只能眼睁睁地看着自己的国家被敌人践踏、蹂躏。

齐国的不战而降，成为战国历史上的一大憾事。那些曾经英勇善战、威震四方的齐军将士，那些曾经为齐国抛头颅洒热血、誓死捍卫国家尊严的勇士，如今却只能眼睁睁地看着自己的国家走向灭亡，心中的悲愤与无奈如同那滚滚的黄河水，无法抑制地奔腾而出，化作一声声凄厉的哀号。

齐国灭亡的那一刻，整个国家陷入了一片死寂。曾经繁华喧嚣的都市空无一人，曾经辉煌壮丽的宫殿变作残垣断壁，破败不堪。田建被押解至共地，那是一片荒凉贫瘠的土地，与他曾经的荣华富贵形成了鲜明的对比。在那里，他度过了余生最后的时光，最终饿死在了那片荒芜的土地上。他的死，不仅标志着齐国历史的终结，也标志着秦国统一大业的最终完成。

回首齐国的兴衰历程，我们不禁想起了那句古话："生于忧患，死于安乐。"齐国之所以会走向灭亡，正是因为它在安乐中迷失了自我，忘记了在战国这个弱肉强食的世界里，只有不断强大自己，才能立于不败之地。而秦国之所以能够统一六国，正是因为它始终保持着对未知的警惕和对未来的渴望，不断地励精图治、奋发图强。

第四章

帝国构建：中央集权的巩固与发展

皇帝制度的创立,始皇帝的尊号

自此,"皇帝"成为中国封建社会最高统治者的专属称号,象征着至高无上的权力与尊严。

公元前221年,随着齐国最后一寸土地的臣服,秦王嬴政站在了咸阳宫的高台之上,俯瞰着这片由他一手统一的广袤土地。他的心中涌动着前所未有的豪情壮志,也深知这一刻不仅标志着战乱的终结,更是新纪元的开端。在这历史的转折点上,嬴政决定要为自己,也为这个新生的帝国,确立一个前所未有的尊号,以彰显其至高无上的权威与功绩。

在朝堂之上,群臣肃立,气氛庄重而紧张。秦王嬴政缓缓开口,声音威严而深沉:"寡人自登基以来,兴正义之师,扫平六国,一统天下,此乃前所未有的壮举。昔日五帝之时,虽各据一方,然诸侯时叛时服,天子难以驾驭。而今,寡人使海内为郡县,法令一统,此等功业,五帝所不及也。因此,寡人之名号,亦需与时俱进,以显赫赫之功,传颂千古。"

丞相王绾、御史大夫冯劫、廷尉李斯等重臣,闻此言后,皆深知此事非同小可,需慎之又慎。他们聚首商议,翻阅古籍,寻找能配得上秦王伟大功绩的尊号。经过一番深思熟虑,他们提出了"泰皇"之号,寓意秦王之德如天地般广阔,如泰山般稳重。然而,这一提议并未完全满足秦王的心意。

秦王嬴政,这位雄才大略的君主,对于"皇"与"帝"的区分有着独到的见解。他深知,"皇"者,乃上天之子,德高望重;"帝"者,则象征着至高无上的统治权与威严。他要的,是一个既能体现其天命所归,又能彰显其绝对权威的尊号。

于是,秦王嬴政在群臣的提议基础上,进行了巧妙的创新。他去掉"泰"字,取其"皇"之德,融"帝"之威,创造性地提出了"皇帝"这一尊号。他说道:"去'泰',著'皇',采上古'帝'位号,号曰'皇帝'。自此,寡人即为始皇帝,后世以计数,二世、三世至于万世,传之无穷。"

此言一出,朝堂之上顿时响起雷鸣般的掌声与欢呼声。大臣们纷纷匍匐在地,高呼:"皇帝圣明!万岁万岁万万岁!"

这一刻，秦王嬴政不仅确立了自己的尊号，更创立了中国历史上前所未有的皇帝制度，将自己置于至高无上的地位。

"皇帝"这一尊号，不仅体现了秦王嬴政对于自身功绩的自豪与自信，更寄托了他对于帝国千秋万代、永续不衰的宏伟愿景。从此，"皇帝"成为中国封建社会中最高统治者的专属称号，象征着至高无上的权力与尊严。而秦始皇作为这一制度的创立者，也永远地镌刻在了历史的丰碑之上。

废分封，立郡县，加强中央集权

自此，中央集权制度成为中国封建社会的主流政治体制，在秦始皇的英明治理下，秦朝逐渐走向繁荣与强大。

在秦始皇那威严而深邃的眼眸中，闪烁着对统一帝国的无尽渴望与坚定信念，心中却已绘制出了一幅崭新的政治蓝图。他深知，要实现真正的统一，就必须打破旧有的秩序，建立起一套全新的、能够加强中央集权的政治体制。

"分封之制，乃周朝之遗毒，诸侯割据，战乱频仍，皆由此起。"秦始皇的声音在朝堂上回荡，如同惊雷般震撼着每一位大臣的心。他的话语中透露出对分封制的深深厌恶，以及对未来政治体制的明确规划。

于是,一场前所未有的政治变革在秦朝的朝堂上悄然展开。秦始皇决定废除分封制,转而推行郡县制,将权力牢牢掌握在中央手中。他派遣了能干的官员,如李斯、王翦等人,前往各地考察,根据地域、人口和战略位置,精心划分郡县。

在这些官员中,李斯尤为出色。他深谙政治之道,对秦始皇的意图领悟得极为透彻。在每次的考察中,他细心观察,精心规划,将郡县划分得恰到好处。当他将那份详尽的郡县划分方案呈递给秦始皇时,秦始皇的眼中闪过一丝赞赏的光芒。

"好!李斯,你果然不负朕之所望。"秦始皇的声音中充满了赞赏与期待。他深知,这份方案不仅体现了李斯的才华与智慧,更将成为秦朝政治体制变革的重要基石。

随着郡县制的推行,秦朝的政治面貌焕然一新。郡守、县令等官员由皇帝直接任命,他们忠诚于皇帝,致力于治理地方、征收赋税、维持治安。在他们的努力下,秦朝的行政效率大大提高,腐败和割据的现象得到了有效遏制。

而秦始皇则通过这一制度,将权力牢牢掌握在自己手中。他统一了文字、货币和度量衡,使得全国各地的信息交流、商业贸易和行政管理得以顺畅进行。他修建了驰道、直道等交通干线,加强了各地之间的联系,使得中央的命令能够迅速传达至地方,地方的民情也能及时反馈给中央。

在这一过程中,秦始皇展现出了非凡的领导才能和政治智慧。他深知,要维持一个庞大的帝国,就必须加强中央集权,而郡县制正是实现这一目标的最佳选择。他坚信在自己的治理下,秦朝将成为一个永恒的统一王朝。

"朕欲使天下无为而治,郡县治则天下安。"秦始皇的话语中充满了自信与决心。他深知,郡县制的推行不仅是一项政治改革,更是一场深刻的社会变革。它将改变人们的思维方式和行为习惯,使得人们更加忠诚于皇帝,更加服从于中央的统治。

果然,在秦始皇的英明治理下,秦朝逐渐走向繁荣与强大。郡县制的推行,为秦朝的统一和繁荣奠定了坚实的基础,也为后世王朝提供了宝贵的借鉴。从此,中央集权制度成为中国封建社会的主流政治体制,对中国历史的发展产生了深远的影响。

而秦始皇也因其卓越的领导才能和政治智慧,被后世誉为"千古一帝"。

统一度量衡、货币与文字，促进交流

在帝国的统一之下，各地的文化将如同江河汇流，最终汇聚成一片浩瀚的海洋，滋养着帝国的每一寸土地、每一颗心灵。

在秦始皇那雄浑而深沉的统治之下，秦朝不仅以郡县制为基石，构筑起了坚实的政治框架，更在统一度量衡、货币与文字上，书写了辉煌的一页，为帝国的繁荣与稳定铺设了宽广的道路，让各地的交流如江河汇流，滔滔不绝。

度量衡的统一：公平之尺，衡量天下

一日清晨，咸阳城内的市集热闹非凡，商贩们吆喝声此起彼伏。这时，一位身着华丽服饰的商人，手持一串精美

的珠链,与一位布衣老者讨价还价。商人用的是秦国的尺,老者却拿出了六国时期的尺来比对。两者长度不一,争执顿起。

这一幕,恰好被路过的秦始皇所见。他眉头紧锁,心中暗自思量:"度量衡不一,何以安邦定国?"于是,他当即下令,召见丞相李斯,商议统一度量衡之事。

李斯领命后,夜以继日,与工匠们一同研究,终于打造出了一套标准统一的铜尺、铜斗。这些铜器被精心铸造,分发至四海之内。从此,无论是北方的草原,还是南方的水乡,人们都用着同样的尺斗,交易变得公平而透明,帝国的经济之轮因此转动得更加顺畅。

货币的统一:半两之钱,流通天下

货币,乃经济之血,流通之脉。秦始皇深知其重要性,他站在咸阳宫的高台之上,望着下方熙熙攘攘的市井,心中涌起一股豪情:"六国货币各异,如同六国之心,各怀异志。唯有统一货币,方能一统天下之心。"

于是,他下令废除六国原有的货币,统一使用秦国的"半两钱"。这种货币,形制规范,重量统一,如同帝国的意志,坚不可摧。一时间,从长城脚下到岭南之边,商贾们手持"半两钱",穿梭于市井之间,贸易往来,络绎不绝,帝国的经济因此更加繁荣。

文字的统一：小篆之笔，书写天下

文字，乃文化之根，交流之桥。秦始皇深知，六国文字各异，如同天堑，阻碍了文化的交流与融合。他召见丞相李斯，命其主持"书同文"工程，以秦国的小篆为基础，整理并推广至全国。

李斯领命后，广纳贤才，夜以继日地研究、整理，终于创造出了一套规范、美观的小篆字体。这种字体，如同秦始皇的统治一样，既威严又优雅，既简洁又深刻。一时间，从北方的学府到南方的书斋，学者们纷纷学习小篆，书写着帝国的辉煌与梦想。

促进交流，融合文化

随着度量衡、货币与文字的统一，秦朝各地的交流日益频繁，文化逐渐融合。北方的粗犷与南方的细腻，东方的智慧与西方的勇猛，在这片广袤的土地上交织碰撞，孕育出了独特的秦文化。

一日，秦始皇在巡视地方时，来到了一处繁华的市集。他见到一位老者正用小篆书写家书，笔走龙蛇，字字清晰。老者身旁围满了前来观看的百姓，他们或惊叹，或赞叹，眼中闪烁着对统一文化的认同与敬仰。

秦始皇看着这一幕,心中涌起一股欣慰之情。他知道,这不仅仅是文字的统一,更是文化的统一,是民心所向,是国家一统的象征。正如《史记》所载:"一法度衡石丈尺,车轨同轨,书同文字。"秦始皇的这些举措,不仅加强了中央集权,更促进了帝国的经济繁荣与文化交流,让秦朝成为一个真正意义上的统一国家。

"江河之水,非一源之流也;文化之融,非一朝一夕之功也。"秦始皇深知,文化的融合需要时间与耐心,但他相信,在帝国的统一之下,各地的文化将如同江河汇流,最终汇聚成一片浩瀚的海洋,滋养着帝国的每一寸土地,每一颗心灵。

修建驰道与直道,加强交通联系

> 在驰道与直道的支撑下,秦朝终于成为真正意义上的统一大国,屹立在世界的东方。

在秦始皇那深邃而远大的目光中,秦朝的统一不仅仅是政治版图的归一,更是经济、文化乃至交通的全面融合与升华。他深知,一个庞大的帝国,若缺乏畅通的交通联系,便如同失去了生命的血脉,难以持久。于是,驰道与直道的修建便如同两把利剑,被秦始皇紧握手中,用以劈开地理的束缚,加强各地的交通联系,巩固帝国的根基。

驰道:帝国的动脉,奔腾不息

秦始皇深知,要维持帝国的统一,必须让政令如臂使指,物资流通如血脉循环。于是，他下令修建驰道，以咸阳为中心，辐射至全国各地，如同帝国的动脉，奔腾不息。

驰道宽阔而平坦，两旁绿树成荫，宛如一条绿色的绸带，穿越在帝国的每一寸土地上。道路上，车马如龙，商贾往来，络绎不绝。一日，秦始皇乘坐着由四匹骏马驱动的华丽马车，沿着驰道巡视地方。马车飞驰，车轮滚滚，扬起一阵阵尘土，却掩盖不住秦始皇那坚定的目光和豪迈的气概。

他望着窗外那飞速后退的风景，心中充满了自豪与满足。他知道，这条驰道，不仅连接了帝国的各个角落，更连接了帝国的过去与未来。正如《史记》所载："为驰道于天下，东穷燕、齐，南极吴、楚，江湖之上，濒海之观毕至。"驰道，成为帝国繁荣与稳定的象征。

直道：穿越天堑，直抵云霄

驰道虽好，却难以穿越那些险峻的山川与广袤的草原。为了进一步加强边疆与内地的联系，秦始皇又下令修建直道。直道不同于驰道，它更加直接、更加险峻，却能够穿越那些看似不可逾越的自然障碍，直抵云霄。

直道的修建，是一项艰巨而伟大的工程。工匠们披荆斩棘，开山劈石，历经千辛万苦，终于将一条条直道修建而成。这些直道如同帝国的脊梁，挺立在帝国的土地上，支撑着帝国的边疆安全与稳定。

一日,边疆传来急报,称有外敌入侵。秦始皇当即下令,调集大军,沿着直道迅速前往边疆。大军在直道上疾驰,如同帝国的铁拳,狠狠地击打在敌人的身上。士兵们英勇奋战,战鼓声震天响,最终,在直道的助力下,秦军大获全胜,边疆得以安宁。这一战,不仅彰显了秦军的勇猛与强大,更展示了直道在军事上的重要作用。

加强交通联系,促进帝国繁荣

驰道与直道的修建,不仅加强了中央与地方、内地与边疆的联系,更促进了帝国的经济繁荣与文化交融。商贾们沿着驰道与直道,将各地的特产运往全国,甚至远销海外;学者们则通过这些道路,交流学问,探讨思想,使得帝国的文化更加丰富多彩。

一日,秦始皇在驰道与直道的交会点,遇到了一位年迈的学者。学者手持竹简,正在研究着各地的风土人情与历史文化。秦始皇与学者交谈甚欢,学者感叹道:"陛下修建驰道与直道,真乃千秋之功!不仅加强了交通联系,更促进了文化的交流与融合。"秦始皇听后,哈哈大笑,道:"此乃朕之使命也!愿帝国之血脉畅通无阻,愿帝国之文化源远流长!"

正如《孙子兵法》所言:"兵贵神速。"驰道与直道的修建,让帝国的军队能够迅速调动,保卫边疆;让帝国的商贾能够畅通无阻,促进经济繁荣;让帝国的学者能够交流思想,推动文化进步。这些道路,不仅仅是交通的通道,更是帝国繁荣与稳定的基石。在它们的支撑下,秦朝将成为一个真正意义上的统一大国,屹立在世界的东方,闪耀着璀璨的光芒。

巡游四方，加强中央对地方的控制

> 秦始皇亲自巡视边防，了解百姓疾苦，倾听他们的声音。这些经历也让他在百姓心中树立了一个亲民、务实的皇帝形象。

　　秦始皇，这位以一己之力统一天下的雄主，他的巡游不仅仅是简单的行走，而是一场场精心策划的政治盛宴，是对广袤疆域的深情凝视，更是对中央集权铁腕的强势展示。他的四次巡游，如同四条巨龙，蜿蜒在帝国的版图上，将皇权的触角延伸至每一个角落。

第一次巡游：陇西之风，宣威四方

　　公元前222年，秦始皇踏上了他统一后的首次巡游。他身着龙袍，头戴皇冠，端坐在那辆金碧辉煌的"金根车"上，车队如一条流动的金色河流，缓缓驶出咸阳城。随行的，是身披铠甲的卫士，手持兵器的虎贲军，以及那辆插着豹尾的豹尾车，它们共同构成了一幅威严而壮丽的画卷。

陇西是位于甘肃东南部的广袤之地，成为秦始皇巡游的第一站。这里，崇山峻岭，古道蜿蜒，是通往西域的重要通道。秦始皇选择从这里启程，不仅因为这里是统一后的西部前线，更因为他要通过这次巡游，向陇西及周边地区展示大秦的威严与强盛。

随着车队缓缓前行，秦始皇的威仪在陇西的大地上铺展开来。每到一地，他都会举行盛大的仪式，宣示皇恩浩荡。这些仪式不仅是对当地百姓的安抚，更是对其他诸侯国残余势力的震慑。秦始皇的威严如同山岳般屹立不倒，让所有人心生敬畏。

然而，巡游的意义远不止于此。秦始皇深知，要巩固统一，必须了解民情，加强中央对地方的控制。因此，他亲自巡视边防，了解百姓疾苦，倾听他们的声音。这些经历，让他对陇西的风土人情有了更深的了解，也让他在百姓心中树立了一个亲民、务实的皇帝形象。

在巡游过程中，秦始皇还品尝了陇西的美食，欣赏了当地的民俗表演。这些独特的文化体验，让他对这片土地充满了热爱和敬意。他深知，只有让文化交融，才能让国家更加团结和强大。

这次巡游，对陇西乃至整个大秦帝国都产生了深远的影响。它不仅加强了中央集权，巩固了统一，还促进了陇西与内地的经济文化交流。秦始皇的威名和仁政，在这片土地上留下了深刻的印记，使得陇西百姓对大秦帝国更加拥护和信服。

公元前222年的这次巡游，是秦始皇统治生涯中的一次重要事件。它展示了皇帝的威严，体现了秦始皇对国家的深情厚谊。通过这次巡游，秦始皇巩固了国家的统一，赢得了民心，为大秦帝国的长久统治奠定了坚实的基础。陇西的风土人情和壮丽山川，见证了这次巡游的辉煌与壮丽。

第二次巡游：泰山之巅，祭告天地

公元前219年，秦始皇踏上了他第二次东巡的征途，目标直指东方圣地——泰山。这座巍峨挺拔、云雾缭绕的古老山峰，自古以来便是帝王祭天告地的神圣之地，象征着至高无上的权力与威严。

秦始皇的车驾在蜿蜒曲折的山路上缓缓前行，随行的是李斯、赵高等一众朝廷重臣。沿途，群山如黛，云雾缭绕，仿佛大自然也在以它独有的方式，迎接这位一统天下的伟大君主。

抵达泰山脚下，一场盛大的祭祀大典随即拉开序幕。秦始皇命人精心搭建祭坛，按照古老的仪式，焚香祭拜，祈求天地神灵保佑大秦帝国江山永固、国泰民安。祭祀过程中，礼炮轰鸣，香烟袅袅，整个场面庄重而肃穆，令人心生敬畏。

祭祀大典结束后，秦始皇又举行了封禅仪式。封禅，是古代帝王在泰山举行的祭天仪式，象征着帝王与天地神灵的沟通。在封禅台上，秦始皇手捧玉璧，虔诚地向天地祷告，祈求国家安宁、百姓安康。他的身影在云雾中若隐若现，仿佛与天地融为一体，彰显出他作为天下共主的尊贵与威严。

在巡游过程中，秦始皇还深入民间，视察民情，了解百姓的生活状况。他关心百姓疾苦，倾听民众心声，展现出一位伟大统治者的关怀与威严。虽然这次巡游充满了宗教和政治的意味，但秦始皇的亲民之举，也让民众感受到了他的温暖与关怀。

秦始皇的第二次巡游泰山，不仅是一次宗教仪式，更是一次政治宣示。他通过这次巡游，不仅展示了统一六国的伟大功绩，也向世人宣告了大秦帝国的强大与不可撼动。泰山之巅，祭告天地，秦始皇的这次巡游，注定将被历史铭记，成为一段传奇佳话。

第三次巡游：东方之行，强化统治

公元前218年的春日，秦始皇踏上了他波澜壮阔的第三次东方巡游之旅。此次巡游,不仅是为了彰显大秦帝国的赫赫威仪,更是为了巩固新征服的领土,强化统治,让天下的每一个角落都沐浴在大秦的荣光之下。

然而,就在这趟充满荣耀与期待的旅程开始之际,一场惊心动魄的刺杀阴谋也悄然酝酿。张良是一位出身韩国贵族世家的青年才俊,因国破家亡而对秦始皇怀恨在心。他四处奔走,散尽家财,终于找到了一位力大无穷的大力士,并命人精心打造了一个重达一百二十斤的大铁锤。他们的目标,就是在秦始皇的车队经过博浪沙时,投掷铁锤,取秦始皇首级,以报家国之仇。

博浪沙,因这场刺杀行动而名扬天下。当秦始皇的车队浩浩荡荡地驶来时,张良和大力士隐藏在路边的草丛中,紧盯着车队中的每一辆马车。终于,他们看到了那辆金碧辉煌的御车,心中暗自窃喜,以为目标即将达成。然而,命运却跟他们开了一个残酷的玩笑。大力士奋力一掷,铁锤如同流星般划过天际,却偏偏击中了秦始皇的副车,而秦始皇本人则安然无恙。这一幕,被《史记》生动地记录下来:"良与客狙击秦皇帝博浪沙中,误中副车。秦皇帝大怒,大索天下,求贼甚急。"

刺杀失败后,张良和大力士迅速逃离现场,消失在茫茫人海之中。而秦始皇则因此事大怒,下令全国范围内进行大搜捕,誓要将刺客捉拿归案。然而,张良凭借着自己的智慧和胆略，成功逃脱了秦朝的追捕。

尽管遭遇了这样的惊险一幕，但秦始皇并未因此退缩。他继续前行，沿途检阅军队，视察地方治理，修建道路，加强中央对地方的控制。同时，他也注重文化的融合与推广，让大秦的文化和法律深入人心，为新征服的地区带来了稳定与发展。

在巡游途中，秦始皇还来到了芝罘这个地方。他命令丞相李斯在山顶上刻下两篇文章，以歌颂自己的功绩并告诫那些反秦的东方臣民。李斯不负所望，挥毫泼墨，写下了两篇气势磅礴的文章。这些文章不仅展现了秦始皇的雄才大略和治国智慧，更让天下的臣民感受到了大秦帝国的威严与强大。

这次东方巡游之旅对于秦始皇来说意义非凡。它不仅是一次展示威严和权威的旅程，更是一次巩固统治、加强中央集权的重要行动。通过巡视和一系列的行政、军事手段，秦始皇确保了新征服地区的稳定和发展，为大秦帝国的长治久安奠定了坚实的基础。而张良，虽然此次刺杀失败，但他也初露锋芒，后来成为汉初三杰之一，为汉朝的建立立下了赫赫战功。

第四次巡游：南巡百越，开拓边疆

秦始皇嬴政的雄心壮志并未因疆域的辽阔而稍有减退。

在成功平定北方匈奴之后,他的目光转向了遥远而神秘的南方——百越之地。为了巩固边疆,拓展帝国的版图,秦始皇决定亲自南巡,于公元前215年,开启了一场意义深远的边疆开拓之旅。

秋日的一个清晨,秦始皇率领着一支庞大的车队,踏上了南巡的征途。车队中不仅有朝廷重臣,还有技艺高超的工匠、英勇善战的士兵以及博学多才的学者。他们带着对未知的渴望与好奇,一路向南,心中充满了对这片神秘土地的憧憬。

经过数月的艰难跋涉,车队终于抵达了百越地区。这里山川壮丽,河流纵横,与中原的平原丘陵形成了鲜明的对比。百越人民身材瘦小,皮肤黝黑,穿着独特的服饰,他们的生活方式和习俗与中原人大相径庭,令中原来的客人们感到既新奇又陌生。

面对这片新征服的土地,秦始皇深知有效管理的重要性。他命令随行学者迅速翻译百越的法律和文化,以便更好地了解当地人民。同时,他还制定了一套适合当地情况的管理政策,旨在促进中原与百越的文化交融和共同发展。

为了加速中原文化在南越地区的传播,秦始皇推行了一系列文化融合政策。他修建了宏伟的建筑,设立了学堂,教授中原文字和文化,鼓励百越人民学习并使用。随着时间的推移,中原文化与百越文化逐渐交融,南越地区的社会风貌也焕然一新，呈现出一派繁荣景象。

在巡视过程中，秦始皇发现南越地区虽然资源丰富，但由于交通不便，许多物资难以运往中原。为了解决这个问题，他下令修建了一条贯穿南北的交通干线，极大地促进了物资和人员的往来，为南越地区的经济发展注入了新的活力。

此外，秦始皇还鼓励中原百姓迁居南越，开荒种地，发展生产。他颁布了一系列优惠政策，吸引人们前来定居。随着时间的推移，南越地区逐渐繁荣起来，人口增加，经济也得到了长足的发展，成为大秦帝国的重要组成部分。

南巡归来后，秦始皇对百越地区的治理成果感到非常满意。他深知，只有不断开拓边疆，才能让大秦帝国更加繁荣昌盛。于是，他决心继续推行有效的政策，巩固边疆地区的稳定与发展。

这次南巡百越之旅，不仅展示了秦始皇的雄才大略和远见卓识，也展现了他对边疆地区发展的高度重视和不懈努力。在他的治理下，南越地区焕发了新的生机与活力，与中原一起共同谱写了辉煌的历史篇章。

焚书坑儒,思想控制的双刃剑

秦始皇的焚书坑儒政策并未能如愿以偿地巩固他的统治。相反,它加速了帝国的衰落和覆灭。

秦始皇的统治艺术,既闪烁着铁腕的光芒,又蕴藏着复杂的阴谋与策略。其中,焚书坑儒之举,无疑是他思想钳制策略中最为锋利也最为危险的一柄双刃剑。这一举措,既展现了他对权力的渴望与掌控,又悄然在帝国的肌体中种下了衰败的种子,为后来的历史埋下了伏笔。

那是在秦始皇三十四年(公元前213年)的一个秋夜,咸阳宫内灯火通明,金碧辉煌。一场盛大的宫廷盛宴正在举行,群臣簇拥,笙歌鼎沸,一片欢腾之景。然而,就在这歌舞升平之中，一场关于治国理念的激烈交锋却悄然上演。当仆射周青臣对秦始皇极尽颂扬，称赞其功绩超越三皇五帝之时，博士淳于越却不合时宜地站了出来，提出了复辟分封的主张。他言辞恳切，认为分封诸侯可以稳固边疆，拱卫中央，而郡县制则过于集权，不利于国家的长治久安。

这一举动，犹如在平静的湖面上投下了一颗巨石，瞬间激起了层层波澜。朝堂之上，群臣们面面相觑，气氛一时变得凝重起来。秦始皇并未立即显露怒容，而是以一种深不可测的眼神审视着淳于越，随后将这一问题交由群臣议论。

此时，丞相李斯挺身而出，他言辞犀利，直指淳于越之议是对当前统治的潜在威胁。李斯回忆起春秋战国时期的诸侯纷争，那是由分封制度所酿成的苦酒，导致天下大乱，百姓流离失所。如今，天下一统，百姓应安心耕作，享受太平盛世；而士人则应研习律法，以维护帝国的稳固与繁荣。他痛批那些固守旧制、质疑朝政的士人，认为他们的行为会削弱皇权，动摇帝国的根基，是绝对不能容忍的。

为了树立皇权的至高无上，李斯向秦始皇提出了一个惊人的提议——焚毁古籍。他主张，除《秦纪》、医术、占卜、农书等实用典籍外，其余古籍均需限期上缴官府销毁。这些古籍中蕴含着诸子百家的思想，是士人们的精神食粮，也是他们质疑朝政、挑战皇权的武器。李斯认为，只有彻底铲除这些思想的根源,才能确保帝国的长治久安。同时,他还提出,议论《诗》《书》者将受到严惩,以古非今者将遭受灭族之祸,官吏若知情不报,将与之同罪。这一提议,无疑是对士人思想自由的严酷压制,也是对社会文化的一次巨大冲击。

秦始皇,这位对权力充满渴望的君主,在听取了李斯的汇报后,沉思片刻,最终采纳了这一建议。于是,在那场盛宴之后的次日,一道旨意从咸阳宫传出,迅速传遍全国。各地官员纷纷行动,搜集古籍,燃起熊熊烈焰。在那烈焰中,秦代以前的珍贵文献化为乌有,只留下一片片灰烬和士人们心中的无限悲痛。仅有皇家图书馆内的一套藏书得以保存,成为后来人们研究古代文化的宝贵资料。

然而,焚书并未能彻底平息士人的反抗。不久之后,一场更为残酷的事件——坑儒,又接踵而至。这一次,是因为一些方士、儒生对秦始皇的暴政和追求长生不老的荒诞行为进行了讽刺和诽谤。这些言辞触怒了这位帝王,他怒火中烧,下令追查并活埋了数百人。这些儒生中,有才华横溢的学者,有满腹经纶的智者,他们的生命就这样被无情地剥夺,成为了秦始皇暴政下的又一批牺牲品。

坑儒事件发生后,整个士人阶层陷入了前所未有的恐慌和绝望之中。他们看到了秦始皇的残暴和无情,也看到了自己未来的命运。许多士人选择了隐居山林,不再过问世事;

而更多的人则选择了沉默和顺从,以保全自己和家人的性命。然而,这种沉默和顺从并没有换来帝国的长治久安,反而让帝国失去了持续发展的活力和创新的精神。

焚书坑儒,这一思想钳制的双刃剑,虽然在一定程度上强化了秦始皇的统治,维护了帝国的统一,但也让国家付出了沉重的代价。它摧毁了文化的多元性,扼杀了士人的创新精神,使得帝国失去了持续发展的动力。同时,它激起了士人的反抗和不满,为帝国的崩溃埋下了伏笔。正如后来历史所昭示的,秦始皇的焚书坑儒政策并未能如愿以偿地巩固他的统治。相反,它加速了帝国的衰落和覆灭。

修筑长城,抵御外敌入侵

长城让匈奴望而生畏,再也不敢轻易侵犯中原。

秦始皇一统六国,建立千秋伟业。然而,北方的匈奴却如豺狼般窥伺着中原的富饶,他们的铁蹄不时侵扰边境,使得秦朝的北方边陲烽火连天,百姓生活在水深火热之中。面对这一严峻形势,秦始皇深知,仅凭武力征伐难以彻底消除匈奴的威胁,唯有构筑坚固的防线,方能确保边疆的长治久安。于是,在公元前214年(秦始皇三十三年),他毅然下令修筑长城,以此来抵御外敌的入侵,守护这片来之不易的江山。

长城的修筑,并非秦始皇一时的冲动之举,而是他深思熟虑后的战略决策。他站在咸阳宫的高台之上,目光穿越千山万水，仿佛看到了北方边疆那连绵不绝的战火，听到了百姓们痛苦的呻吟。他明白，要巩固这片广袤的土地，就必须有一条坚不可摧的防线。于是，他下令将秦、赵、燕三国原有的长城连接起来，并加以扩展和加固，形成一道横贯北方的万里长城，犹如一条巨龙蜿蜒在崇山峻岭之间。

秦长城西起甘肃省岷县，东至辽东（今辽宁省的东部和南部及吉林省的东南部地区），全长5000多千米（另有说法称全长7000千米或5400千米）。修筑长城的工程浩大无比，动用了近百万的劳动力，占全国总人口的1/12。这些劳工中，这些劳工中，有身强力壮的青年，他们怀揣着对家乡的眷恋和对未来的憧憬，踏上了这条未知的道路；有经验丰富的工匠，他们用自己精湛的技艺，将一块块砖石堆砌成坚固的城墙；甚至还有柔弱的妇孺，他们虽然力量微薄，但也用自己的双手为长城的修筑贡献了一份力量。他们背井离乡，来到荒凉的边疆，投身于这项艰苦卓绝的建设之中。在崇山峻岭之间，他们开山劈石，填沟壑，筑城墙，每一砖一石都浸透着他们的汗水和心血，每一声号子都回荡着他们对家乡的思念和对未来的期盼。

秦长城在修筑过程中，途经了众多城市与地区。它西起甘肃岷县，经过临洮、渭源、陇西等地，进入宁夏固原、彭阳等县，再向东北方向行进，穿越甘肃镇原、环县、华池等县，进入陕西榆林、神木等地，最终抵达辽东。这一路上，长城穿越了黄土高原、六盘山、阴山等自然地理屏障，形成了一道坚不可摧的防线。长城的修筑不仅是为了抵御外敌，更是为了加强中央与地方的联系，促进交通和经济的发展。秦始皇深知，只有国家强盛、百姓安康，才能确保江山永固。因此，在修筑长城的同时，他还下令修建道路、修复河道，以加快农业生产的恢复和经济的发展。这些举措不仅为长城的修筑提供了有力的后勤保障，也为边疆地区的繁荣稳定奠定了坚实的基础。

然而，长城的修筑也给百姓带来了沉重的负担。劳工们在艰苦的条件下劳作，许多人因劳累过度而丧生，他们的尸骨被埋在了长城之下，成为这道防线的一部分。这些无辜的生命，他们的牺牲和付出，都化作了长城的砖石，永远地留在了这片土地上。同时，秦始皇对劳工十分苛刻，他使用"连坐"之役刑，百姓叫苦连天。但即便如此，劳工们还是咬紧牙关，坚持完成了这项艰巨的任务，因为他们知道，这座长城不仅是为了抵御外敌，更是为了守护他们的家园和亲人。

尽管修筑长城的过程充满了艰辛和苦难，但长城的建成却为秦朝带来了深远的影响。它有效地抵御了匈奴的侵扰，保护了边疆的安宁，增强了秦朝的国防力量。长城作为秦朝边疆的一座屏障，让匈奴望而生畏，再也不敢轻易侵犯中原。

同时，长城也成了中华民族坚韧不拔、自强不息精神的象征，它激励着后人不断奋发向前，为国家的繁荣富强而努力奋斗。

在长城的修筑过程中，还流传着许多动人的故事。其中，孟姜女哭长城尤为感人。相传，孟姜女的新婚丈夫范喜良在修筑长城时因劳累过度而死，尸骨被埋在长城之下。孟姜女历经千辛万苦来到长城边寻夫，却得知丈夫已经去世的噩耗。她无法接受这个残酷的事实，于是在长城上哭了三天三夜。她的哭声凄凉悲惨，仿佛能穿透云霄。最终，她的真情打动了天地，长城竟然被她哭倒了一片，露出了丈夫的尸骸。这个故事虽然充满了传奇色彩，但也反映了当时修筑长城给百姓带来的深重苦难和人们对和平生活的渴望。

大建宫殿陵墓,帝国辉煌的象征

> 这些工程在当时加重了人民的负担,但不可否认的是,它们不仅彰显了秦始皇的雄才大略与中国古代建筑艺术的高度发展,更是中华民族由分散走向统一的历史见证。

秦始皇在奠定千秋基业之后,并未停下脚步,而是将目光投向了更为宏大的建筑计划——宫殿、陵墓。这些建筑不仅是帝王权柄与威严的象征,更是秦朝辉煌历史的永恒印记。

宫殿作为帝王居住与理政之地,其规模与气派必须配得上帝王那至高无上的地位。于是,秦始皇召来了他的智囊——丞相李斯,共商大计。李斯,这位博学多才的谋士,深知秦始皇的雄心壮志,提议在阿房之地兴建新宫,与咸阳相连,共同构筑庞大的宫殿群。秦始皇听后,眼中闪烁着光芒,欣然采纳了这一建议,并立即下令动工。虽然具体的修建时间在历史的长河中略显模糊,但根据那段波澜壮阔的历史背景,我们可以合理推测,宫殿的修建应紧随秦朝统一六国之后,大约在公元前221年至秦始皇去世的公元前210年之间。其中,阿房宫的修建无疑是宫殿群中的重头戏,据《史记》记载,这座宫殿的修建始于秦始皇三十五年(公元前212年),一场前所未有的建筑盛宴就此拉开序幕。

阿房宫,这座承载着秦始皇无尽期望的宫殿,其规模之宏大,设计之精妙,简直令人叹为观止。宫中楼阁高耸入云,天桥横跨天际,仿佛将天地紧紧相连,构成了一幅壮丽的画卷。从阿房宫出发,一条宽阔的道路如巨龙般蜿蜒伸展,直通咸阳,将两座宫殿紧密相连,形成了一座震撼人心的建筑群。阿房宫的修建,不仅展现了秦始皇那无与伦比的雄心壮志,更彰显了秦朝建筑艺术与工程技术的卓越成就。工匠们用智慧和汗水,将一块块砖石堆砌成巍峨的宫殿,每一砖一瓦都凝聚着他们的心血与汗水,也见证了那个时代的辉煌与荣耀。

秦始皇的雄心并未止步于此。他下令在关中与关外广建宫殿,总数竟达七百余座。这些宫殿或依山傍水,或雄伟壮丽,每一座都独具特色,令人叹为观止。它们不仅为秦始皇提供了奢华的居住与娱乐场所,更成为秦朝辉煌历史的见证者。

在这些宫殿中,秦始皇可以尽情享受他的帝王生活,也可以在这里运筹帷幄,指点江山。

与宫殿群相呼应的,是秦始皇那规模庞大的陵墓——骊山陵。这座陵墓位于骊山之巅,南依层峦叠嶂,北临渭水之滨,地理位置优越,风景秀丽。秦始皇陵的修建始于秦王政元年(公元前247年),即嬴政即位之初。此时,嬴政年仅13岁,但已开始为自己的陵墓进行规划和建设。陵墓的建设历时39年,直至秦二世二年(公元前208年)才基本完工。在这漫长的修建过程中,无数工匠付出了辛勤的汗水,最终造就了这座规模宏大、设计精巧的帝王陵墓。

秦始皇陵内部构造复杂,机关重重,陪葬品丰富多样,令人叹为观止。然而,秦始皇陵的辉煌并不仅限于陵墓本身,更在于那陪葬其旁的兵马俑坑。兵马俑的出土震惊了全世界,让人们对秦朝的历史和文化有了更加深入的了解。

兵马俑,作为秦始皇陵的重要组成部分,被誉为"世界第八大奇迹"。兵马俑坑的修建应与陵墓主体工程同步进行,位于陵墓以东约1.5千米处,这些陶俑的制作工艺精湛无比,每一件都栩栩如生,形态各异,表情丰富,仿佛能够穿越时空,带领我们回到那个战火纷飞的年代。它们有的手持长矛,有的身背弓箭,有的驾驭战车,组成了一支整装待发的地下军团,守护着千古一帝的陵寝。这些陶俑不仅展现了秦朝军队的雄壮威武，更反映了当时社会生活的各个方面，如服饰、发型、兵器等，是研究秦朝历史和文化的重要实物资料。

秦始皇的大建宫殿、陵墓与兵马俑之举，虽然在一定程度上加重了人民的负担，但不可否认的是，这些建筑对于展现秦朝辉煌历史、传承华夏文明具有重要意义。它们不仅彰显了秦始皇的雄才大略与建筑艺术的高度发展，更是中华民族由分散走向统一的历史见证；不仅代表了秦始皇个人的权力与威严，更承载了整个民族的历史记忆与文化传承。

如今，阿房宫遗址、秦始皇陵与兵马俑已成为世界著名的文化遗产与旅游景点，吸引着无数游客前来参观游览，感受秦朝历史的厚重与辉煌。这些建筑提醒着我们，要铭记历史、珍惜当下、开创未来。正如杜牧在《阿房宫赋》中所言："后人哀之而不鉴之，亦使后人而复哀后人也。"我们应当从历史中吸取教训，珍惜和平与发展的来之不易。

第五章

晚年迷思:追求长生不老的幻灭

迷恋长生，徐福东渡寻仙药

> 那仙药，据说生长在东海之滨，一座被云雾缭绕、神仙守护的仙山之上。然而，通往那仙山的道路，却充满了未知与危险，需要穿越狂风巨浪。

在秦始皇那辉煌而又孤独的晚年，他对死亡的恐惧像一张无形的网，日益紧勒着他的心。对权力永恒的渴望，如同烈火般在他胸中燃烧，驱使着他踏上了一条寻求长生不老的漫漫征途。帝国的每一个角落都回响着他对仙药无尽的呼唤与追寻，无数方士、术士因此被召集至皇宫，企图解开长生之谜。

在这股求仙问药的狂潮中，徐福，这位字君房的方士，走进了秦始皇的视野。他不仅精通占卜星象,更对炼丹之术有着独到的见解。渊博的学识与滔滔不绝的口才,让他在众多方士中脱颖而出,赢得了秦始皇的青睐与信任。当秦始皇得知徐福对长生之术有所涉猎时,那份急切与期待几乎要溢出他的眼眶。

在金碧辉煌、气势恢宏的皇宫大殿之中,秦始皇与徐福展开了一场关于生与死、凡与仙的深刻对话。徐福缓缓道来,讲述了一本古老典籍中关于仙药的传说。那仙药据说生长在东海之滨,一座被云雾缭绕、神仙守护的仙山之上。然而,通往那仙山的道路却充满了未知与危险,需要穿越狂风巨浪,历经千难万险,方能一窥其真容。

秦始皇听后,眼中闪烁着既兴奋又紧张的光芒。他相信,只要能够得到那仙药,就能打破生死的界限,永远统治这片他深爱的土地。于是,他毫不犹豫地命令徐福立即组织船队,东渡寻仙,为他带回那梦寐以求的长生不老药。

徐福领命后,便开始紧锣密鼓地筹备。他精心挑选了数百名身强力壮、经验丰富的船员,打造了数十艘坚固耐用、能抵御风浪的船只。船舱内,粮食、淡水、药品等物资一应俱全,确保船队能够远航无忧。在一切准备就绪后,徐福带领着这支承载着无数希望与梦想的船队,扬帆起航,踏上了东渡寻仙的征途。

船队穿越波涛汹涌的大海，如同一叶扁舟在狂风巨浪中挣扎。每一次风暴的袭击都让船员们心惊胆战，但徐福却始终保持着坚定的信念。他站在船头，望着那遥不可及的仙山，心中充满了对未知的渴望与对成功的信心。在他的带领下，船队终于穿越了重重困难，抵达了东海之滨的那片神秘海域。

当徐福和船员们踏上那座云雾缭绕的仙山时，他们的心中充满了激动与期待。然而，仙山上却空无一人，只有茂密的森林、清澈的溪流和偶尔传来的鸟鸣声。徐福不甘心就这样空手而归，他带领着船员们在仙山上四处搜寻，每一个角落都不放过。

经过数日的搜寻，徐福终于在一个隐蔽的山洞中发现了一本古老的典籍。那典籍上记载着一种名为"长生草"的仙药。然而，这种仙药却极为难得，它只在月圆之夜才会出现在仙山的山顶之上，吸收月之精华，绽放金色光芒。

徐福决定等待下一个月圆之夜，再上山寻找那传说中的长生草。在漫长的等待中，他们围坐在篝火旁，讲述着各自的故事，分享着对未来的憧憬与期待。终于，月圆之夜到来了，徐福带领着船员们再次踏上征途，他们沿着崎岖的山路攀登着，每一步都充满了艰辛与危险。

当他们终于到达山顶时，眼前的景象让他们震惊不已。

一株闪烁着金色光芒的长生草，正静静地生长在山顶的岩石上。徐福激动地摘下长生草，小心翼翼地将其收好。他相信，这株长生草就是能够让他和秦始皇实现长生不老梦想的仙药。

然而，当徐福带着长生草回到秦朝时，却得知了一个令他心碎的消息。秦始皇，那位曾经威震四海的伟大君主，已经病逝于皇宫之中。徐福的心中充满了悲痛与惋惜，他知道秦始皇一生都在追求长生不老，但最终却未能如愿。他捧着那株长生草，站在秦始皇的陵墓前，泪水模糊了他的双眼。他将长生草供奉在陵墓前，以表达他对这位伟大君主的敬仰与怀念之情。

卢生的谎言与逃亡

> 卢生，这位身怀占卜、风水、炼丹绝技的方士，将自己包装成了一个能够沟通天地、预知未来的神秘人物。他在秦始皇面前侃侃而谈，仿佛真的能够窥见命运的奥秘。

随着岁月的车轮无情地碾过，秦始皇对死亡的恐惧与日俱增，对长生不老的渴望如同干渴之人对水的渴求。在这片被权力与欲望笼罩的土地上，不仅徐福踏上了东渡寻仙的征途，还有一位名叫卢生的方士，以其巧舌如簧、机智过人，悄然走进了秦始皇的视野，成了他身边不可或缺的"红人"。

卢生，这位身怀占卜、风水、炼丹"绝技"的方外之人，其貌不扬，他深知秦始皇对长生和仙术的痴迷，便精心编织了一系列美丽的谎言，将自己包装成了一个能够沟通天地、预知未来的神秘人物。在秦始皇那金碧辉煌的宫殿中，卢生侃侃而谈，仿佛真的能够窥见命运的奥秘。

他告诉秦始皇，自己通过占卜得知，在帝国的某个隐秘之地，藏有一汪"不老泉"。那泉水清澈甘甜，饮之可延年益寿，甚至能让人达到长生不老之境。秦始皇听后，眼中闪烁着前所未有的光芒，那是对永恒统治的渴望，也是对生命无尽的向往。他立即命令卢生带领一支精干的队伍，前去寻找这不老泉，无论付出多大的代价，都要将泉水带回。

卢生领命后，表面上积极筹备，实则心中早已盘算好了另一番打算。他深知，这样的寻找无异于大海捞针，但更明白，这是逃离秦始皇暴政、保住自己性命的绝佳机会。于是，卢生带着队伍，名义上四处探寻，实则游山玩水，享受着难得的自由时光。他们穿越崇山峻岭，跋涉在荒无人烟的荒野，每当秦始皇催促询问进展时，卢生总能以各种理由搪塞过去。

他说，他们遇到了难以逾越的山川，那山高耸入云，仿佛直通天际；他们遇到了凶猛的野兽，那兽咆哮如雷，让人心惊胆战。总之，就是不老泉的影子都没见到。而秦始皇，由于对长生不老的渴望太过强烈，竟然对这些谎言信以为真，不仅没有责怪卢生，反而更加信任他，认为他是在为寻找仙药而尽心尽力，甚至不惜一切代价。

然而，纸终究包不住火。随着时间的推移，卢生的谎言逐渐露出马脚。有一次，秦始皇的一位亲信在偶然的机会下，发现了卢生和他的队伍其实一直在虚度光阴，根本没有认真寻找不老泉。他们整日游山玩水，享受着逍遥自在的生活。这位亲信大惊失色，连忙将实情告诉了秦始皇。秦始皇听后，怒火中烧，立即下令捉拿卢生，要将他治以重罪。

卢生得知消息后，知道自己大祸临头，便连夜带着几名心腹逃离了皇宫。他们如同丧家之犬，慌不择路地逃进了深山老林之中。凭借着对地形和占卜的熟悉，他们成功避开了追捕。在逃亡的过程中，卢生也意识到了自己行为的错误。他开始反思自己的所作所为，后悔为了私利而欺骗了秦始皇，更后悔让那么多人跟着他一起撒谎。

在逃亡的日子里，卢生经历了无数的艰难险阻。他看到了人间的冷暖，也体会到了生命的脆弱。他逐渐明白，真正的长生不老并非靠仙药和谎言，而是靠一颗善良、正直和勇于面对错误的心。于是，他决定洗心革面，重新做人。

最终，卢生选择了一个偏远的山村隐居下来。他放弃了方士的身份，转而致力于研究医术和草药。他用自己的知识去帮助那些真正需要帮助的人，用自己的双手去拯救那些被病痛折磨的灵魂。他用余生去弥补自己曾经犯下的错误，也用行动向世人证明了真正的长生不老并非虚无缥缈的仙药所能赐予，而是源于内心的善良与正直。

扶苏与蒙恬,未来的希望与挑战

> 虽然未能挽救秦朝的覆灭,但他们的仁政理念和英勇事迹却永远铭刻在历史的长河中,成为后世传颂的佳话。

有两位杰出的青年才俊——公子扶苏与大将蒙恬,犹如帝国夜空中最亮的双子星,熠熠生辉,他们的命运紧密相连,既承载着帝国未来的无限希望,也面临着前所未有的严峻挑战。他们的故事,如同一首跌宕起伏的交响乐章,在历史的长河中激荡回响,让人感叹不已。

扶苏,秦始皇长子,自幼便如同一块温润的美玉,在皇族中熠熠生辉,引人注目。他不仅精通诗书礼仪,更难得的是,他拥有一颗悲天悯人的心。在秦始皇铁血统治的阴影下,扶苏如同一股清流，悄然流淌，给这沉闷的宫廷带来一丝生机。公元前212年，秦始皇下令焚书坑儒，这一残酷举措引起了社会的极大震动。扶苏对此深感痛心，他秘密地保护了一些儒生，并暗中资助他们逃离咸阳，使他们得以保存性命和学问。这一举动虽然微小，却显示了他对知识和人性的尊重，也让他在民间赢得了极高的声誉。

扶苏的仁政理念并非空中楼阁，他提出了一系列具体而可行的改革措施。他深知，百姓是国家的根本，只有百姓安居乐业，国家才能长治久安。因此，他主张减轻赋税，鼓励农耕，兴办教育，废除严刑峻法，以儒家思想为治国之本。这些措施，旨在从根本上改善民生，增强国家的凝聚力。然而，这些与秦始皇法家治国理念背道而驰的提议，让他在父皇面前屡遭冷遇，甚至被视作"妇人之仁"。公元前210年，秦始皇巡游至沙丘时病逝，遗诏本欲传位于扶苏，却被赵高、李斯等人篡改，立胡亥为帝，扶苏因此被赐死，一场悲剧由此拉开序幕。

蒙恬，出身名门望族，自幼便展现出过人的军事天赋。他身材魁梧，力大无穷，且智勇双全，是难得的将才。在秦始皇的统一大业中，他屡建奇功，从一名年轻的将领逐渐成长为帝国的中流砥柱。公元前221年，蒙恬率大军北击匈奴，收复河套地区，设立九原郡，并修筑长城，以防御外敌。他不仅武艺高强，更难得的是他具备深邃的战略眼光和卓越的领导才能。他深知，军事力量虽是国家安全的基石，但真正的强大却来自内部的稳定与和谐。因此，他不仅在战场上英勇奋战，更在平日里注重军民关系的和谐，努力让士兵们与百姓和睦相处，共同守护这片土地。

扶苏被贬至边疆，蒙恬成了他最坚实的后盾。在共同守卫长城的日子里，蒙恬被扶苏的仁政思想深深打动。他开始意识到，真正的胜利不仅仅是战场上的凯旋，更是民心所向、国泰民安。于是，蒙恬用自己的行动全力支持扶苏。他在军事上保障边疆的安全，让百姓能够安居乐业；在民间，他传播仁政的理念，努力构建一座连接军民心灵的桥梁。他与扶苏并肩作战，共同守护着这片来之不易的疆土，两人的友谊也在这个过程中愈发深厚。

然而，秦始皇的突然离世，如同一场突如其来的风暴，席卷了整个帝国。沙丘之变后，政局动荡不安，内外威胁接踵而至。赵高与李斯等权臣趁机篡改遗诏，立胡亥为帝，即秦二世。秦二世昏庸无道，残暴不仁，他继续推行秦始皇的严政，甚至有过之而无不及。他大肆屠杀兄弟姐妹，以巩固自己的皇位；他重用奸臣，排斥忠良，导致朝政腐败；他加重赋税，横征暴敛，使百姓苦不堪言。扶苏与蒙恬，这两位原本应是帝国未来支柱的人物，却面临着前所未有的挑战。

他们不仅要应对朝堂之上的权谋斗争，还要抵御外族的侵袭，守护这片承载着无数人心血的疆土。

在这个风雨飘摇的时刻，扶苏与蒙恬的团结与合作显得尤为重要。然而，命运却对他们开了一个残酷的玩笑。秦二世即位后，赵高为了排除异己，诬陷蒙恬与扶苏图谋不轨，将蒙恬囚禁于阳周，并派使者前往边疆，逼扶苏自杀。扶苏在接到伪造的遗诏后，虽然心有不甘，但出于对父皇的忠诚和对国家稳定的考虑，他最终选择了自杀，以死明志。而蒙恬在得知扶苏的死讯后，心如刀绞，他深知自己也无法逃脱赵高的魔爪，最终也被迫服毒自尽。

扶苏与蒙恬的离世，标志着秦朝内部的最后一丝希望被扑灭。秦二世的残暴统治激起了百姓的强烈反抗，陈胜、吴广等人揭竿而起，拉开了秦末农民大起义的序幕。最终，在刘邦和项羽的领导下，秦朝走向了灭亡。扶苏与蒙恬虽然未能挽救秦朝的覆灭，但他们的仁政理念和英勇事迹却永远铭刻在历史的长河中，成为后世传颂的佳话。

沙丘之变,秦始皇突然离世

秦始皇溘然长逝,新一轮的权力争夺悄然拉开了帷幕。

公元前210年的深秋,北风如刀,黄沙漫天,秦始皇的巡游队伍缓缓行进在华北平原的广袤大地上。这位一统天下的伟大君主,此刻却躺在沙丘平台(今河北省广宗县西北)的行宫之中,病体沉重,气息微弱。他的眼神中闪烁着复杂的光芒,既有对过往辉煌岁月的怀念,也有对未竟事业的遗憾,更有对帝国未来的深深忧虑。

秦始皇深知自己的时日不多,他强撑着病体,召来了心腹之臣赵高,用尽最后的力气口述了一份至关重要的遗诏。遗诏中,他明确指定长子扶苏为继承人,称赞扶苏"刚毅而武勇,信人而奋士",并委托大将蒙恬辅佐之。这份遗诏,承载着秦始皇对帝国未来的期望与寄托。

然而,这份遗诏却并未如愿传达到扶苏手中。赵高是个心思狡诈、权欲熏心的宦官,他暗中扣下了遗诏,心中盘算着另一场权力游戏。他深知扶苏一旦继位,自己的权势必将受到威胁。而胡亥,那个被宠溺坏了的公子,却是他掌控权力的最佳人选。

胡亥,秦始皇的第十八子,生性残暴,荒淫无度。他对于皇位有着无尽的渴望,但却又缺乏足够的智慧和才能。在赵高的诱惑和怂恿下,他逐渐陷入了权力的旋涡之中,无法自拔。当赵高带着扣留的遗诏找到胡亥时,他的心中既惊喜又犹豫。他深知自己的才能和品行远不及扶苏,但却又无法抵挡那诱人的皇位。

赵高见状,开始了一场精心策划的游说。他先是分析了当前的形势,指出扶苏一旦继位,必将对他们这些"异己"进行清算。接着,他又夸赞胡亥的才能和品行,声称只有胡亥才能继承大统,拯救帝国于危难之中。在赵高的巧舌如簧之下,胡亥终于被说服了,他决定放手一搏,去争夺那原本不属于他的皇位。

然而,要实现这一阴谋,还需要一个人的支持——丞相李斯。李斯是秦朝的开国元老,他跟随秦始皇多年,见证了帝国的崛起与辉煌。他深知秦始皇的遗诏意味着什么，也深知一旦选错了路，自己多年的努力和功勋都将化为乌有。然而，在赵高的威逼利诱之下，李斯的内心开始动摇。

赵高利用李斯对权力的留恋和对未来的担忧，不断向他灌输"时势造英雄"的观念。他声称，在这个关键时刻，只有他们三个人联手，才能确保帝国的稳定与繁荣。在赵高的软磨硬泡之下，李斯终于妥协了。他决定与赵高、胡亥等人一起，封锁秦始皇去世的消息，将棺材置于辒辌车内，继续着那看似正常的巡游之旅。

九月末，巡游队伍抵达了咸阳附近的平原津。在这个关键的历史节点上，赵高、胡亥和李斯三人开始实施他们的阴谋。他们伪造了一份秦始皇的遗诏，宣布立胡亥为太子，并命令扶苏和蒙恬自杀。这份伪造的遗诏被快马加鞭地送往了上郡（今陕西榆林东南），而秦始皇的真正遗诏却被他们藏匿了起来。

当扶苏和蒙恬接到这份伪造的遗诏时，他们震惊了。他们深知这份遗诏是假的，但却无法抗拒威严的皇命。在忠诚与无奈之下，他们选择了自杀，以表对帝国的忠诚。而胡亥则在赵高和李斯的簇拥下，顺利地登上了皇位，成为大秦帝国的第二位皇帝——秦二世。

沙丘之变，一场关乎大秦帝国命运的阴谋就这样悄然展开。而秦始皇的溘然长逝,也成为这场巨变中最为沉重的注脚。这场变乱导致了帝国的动荡与衰落,留下了无尽的遗憾与反思。

赵高的阴谋与李斯的妥协，帝国危机四伏

> 大秦帝国夕日的余晖渐渐消散，赵高的阴谋和李斯的妥协，让这个庞大的帝国逐渐走向灭亡。

随着胡亥在赵高和李斯的簇拥下，于始皇三十七年（公元前210年）九月登基为帝，大秦帝国表面上似乎又恢复了往日的平静。然而，这平静之下却隐藏着汹涌的暗流，帝国的危机正在悄然酝酿。

赵高，这位阴谋的策划者，终于实现了他的野心。他不仅成功地将胡亥推上了皇位，还在接下来的几个月里，通过一系列的手段，逐渐掌握了朝中的大权。他利用胡亥的昏庸

无知和对权力的渴望,暗中操控朝政,将那些对他构成威胁的大臣一一排挤或铲除。同时,他大肆任用亲信,如他的侄子赵成等人,形成了一个以他为中心的权力网络,牢牢地控制了帝国的命脉。

李斯,这位曾经风光无限的丞相,此刻却陷入了深深的困境。他原本以为,通过妥协和退让,能够保住自己的权势和地位。然而,他很快就发现,自己已经被赵高牢牢地绑在了这辆驶向深渊的战车上。他试图反抗,试图挽回帝国的颓势,但每次都被赵高用各种手段压制下去,如威胁李斯的家人安全、散布李斯不忠的谣言等。李斯开始意识到,自己当初为了保住权势而妥协和退让的决定是多么的错误。

在赵高的操控下,帝国的政治环境变得越来越恶劣。胡亥的残暴统治和赵高的阴谋引发了广泛的民怨和不满。赵高利用这个机会,大肆打击异己,制造了一系列的冤案和假案,如"指鹿为马"事件,将那些对他构成威胁的人一一铲除。同时,他还大肆征收赋税,加重百姓的负担,使得帝国的经济状况日益恶化,百姓生活困苦。

与此同时,帝国的边疆也开始出现动荡。北方的匈奴在冒顿单于的领导下逐渐强大,趁机入侵帝国的边境地区。南方的百越也蠢蠢欲动,试图摆脱帝国的统治。而帝国的军队,在赵高的操控下,战斗力大打折扣,无法有效地抵御外敌的入侵。帝国的疆域开始缩小,边疆的百姓陷入了水深火热之中。

在这样的背景下,帝国的危机全面爆发。公元前209年,陈胜、吴广在大泽乡(今安徽宿州东南)率众起义,揭开了反秦斗争的序幕。随后,各地的反叛势力如雨后春笋般崭露头角,纷纷揭竿而起,反抗胡亥的残暴统治和赵高的阴谋。帝国的统治开始摇摇欲坠,仿佛随时都会崩溃。

李斯看着这一切,心中充满了悔恨和无奈。他深知,自己已经成为这场危机的推手之一。他试图挽回局面,但每次都被赵高所阻挠。他开始反思自己的过去,反思自己的选择。他意识到,当初为了保住权势和地位而妥协和退让是多么的错误和愚蠢。然而,悔恨已经无济于事。帝国的危机已经全面爆发,而他自己也深陷其中无法自拔。他只能眼睁睁地看着帝国走向崩溃的边缘,心中充满了无尽的痛苦和无奈。

沙丘之变后的大秦帝国已经不再是那个曾经辉煌一时的强大帝国。它正在赵高的阴谋和李斯的妥协中逐渐走向衰落和灭亡。这场危机导致了帝国的覆灭,留下了深刻的教训和反思,成为中国历史上一段令人痛心的篇章。

第六章

帝国余晖：秦朝的崩溃与历史的反思

胡亥继位，暴政加剧

> 胡亥的暴政，如同一把锋利的匕首，深深地刺入了秦朝的心脏，让这个曾经辉煌一时的帝国在历史的长河中黯然消逝。

随着秦始皇那颗璀璨星辰的陨落，秦朝的天空仿佛被一层阴霾所笼罩。在赵高与李斯操纵下，年幼懵懂的胡亥，如同被命运捉弄般，被推上了至高无上的皇位，成为秦朝的二世皇帝。然而，这位新君的登基并未给这片土地带来和煦的春风，反而掀起了一场前所未有的暴风骤雨，将秦朝推向了万劫不复的深渊。

胡亥，这位在权力斗争中意外胜出的年轻帝王，内心充满了对绝对权力的渴望与对臣民的深刻不信任。在赵高阴险狡诈的诱导下,他开启了一段比其父秦始皇更为严苛残酷的统治时期。他仿佛一头挣脱束缚的猛兽,肆意践踏秦朝的法制与伦理,将百姓的生活拖入了无尽的苦难深渊。

在胡亥的统治下,秦朝的法制被推向了极端。他不仅继承了秦始皇时期的严苛法律,并在此基础上进行了更为严酷的强化。例如,他增设了"具五刑"这一残忍至极的刑罚,即先黥面、劓鼻、斩趾,再笞杀并剁成肉酱,其残酷程度令人发指。此外,胡亥还发明了"夷三族"的酷刑,即不仅罪犯本人要受到严惩,其父母、兄弟姐妹及妻子儿女也要一同受罚,整个家族因此遭受灭顶之灾。

在文化领域,胡亥的暴政同样留下了深重的烙印。他继续推行"焚书坑儒"的政策,但比秦始皇时期更为彻底。不仅六国史书被焚毁,连《诗经》《尚书》等儒家经典也未能幸免,大量珍贵的文化遗产化为灰烬。同时,他对知识分子的迫害也达到了前所未有的程度,许多学者、儒生被残忍杀害,整个学术界陷入了一片死寂。

在经济方面,胡亥的贪婪与残暴更是令人咋舌。他横征暴敛,苛捐杂税层出不穷,百姓的负担日益沉重。为了满足自己无休止的私欲,他大兴土木,修建奢华的宫殿与陵墓。其中,最为人所知的是阿房宫的修建,这座宫殿规模宏大,耗资巨大,却最终成了秦朝灭亡的象征。百姓们在这片土地上艰难度日，眼睁睁地看着自己的血汗被无情地榨取，家园被一点点摧毁。

更为严重的是，胡亥的统治还引发了秦朝内部的严重分裂。他猜忌功臣，对那些曾经为秦朝立下赫赫战功的大臣进行了无情的清洗。如蒙恬、蒙毅等忠臣良将，都因胡亥的猜忌而惨遭杀害。朝廷内部因此人心惶惶，政治体系如同一张千疮百孔的破网，无法有效地治理国家。

在胡亥的暴政之下，秦朝的社会矛盾不断激化。百姓们的反抗情绪如同干柴烈火，一触即发。终于，陈胜、吴广揭竿而起，点燃了反抗的火焰。他们率领起义军攻城略地，迅速席卷全国。同时，六国的遗民也趁机起义，共同对抗秦朝的暴政。秦朝这座看似坚不可摧的帝国，在内外夹击之下，终于走向了崩溃的边缘。

胡亥的继位与暴政，如同一场历史的悲剧，让秦朝陷入了无尽的黑暗之中。他的统治不仅加速了秦朝的灭亡，更为后世留下了深刻的教训。它告诉我们，一个王朝的兴衰与统治者的智慧、德行以及治国理念紧密相连。只有那些顺应民心、注重法治、尊重文化、关爱百姓的统治者，才能赢得人民的拥护与支持，让王朝走向繁荣昌盛的道路。而胡亥的暴政，则如同一把锋利的匕首，深深地刺入了秦朝的心脏，让这个曾经辉煌一时的帝国在历史的长河中黯然消逝。

陈胜吴广起义,农民战争爆发

这场起义虽然以失败告终,但它却为大秦帝国的覆灭敲响了丧钟。

在胡亥暴政的残酷压迫下,大秦帝国的根基开始动摇,百姓的愤怒如同蓄势待发的火山,终于找到了喷发的出口。秦二世元年(公元前209年)秋,一场震撼帝国的农民战争在陈胜、吴广的带领下爆发,这场起义不仅是对胡亥暴政的直接反抗,也是秦朝末年社会矛盾激化的必然结果。

陈胜,字涉,阳城(今河南登封东南)人,本是一个普通的农民,却因不满秦朝的残暴统治而心怀壮志。吴广,字叔,阳夏(今河南太康)人,与陈胜相似,也是一位深受秦朝剥削之苦的百姓。两人因共同的命运和理想而结缘，决定携手改变现状。

起义的直接原因是秦朝征发闾左贫民屯戍渔阳（今北京市密云西南）的事件。公元前209年7月，陈胜、吴广作为屯长，被派往渔阳戍边。然而，当他们行至大泽乡时，遭遇了连绵的暴雨，道路被洪水淹没，无法通行并按时到达渔阳。按照秦朝的严酷法律，失期当斩，这一规定无疑是将陈胜、吴广等人推向了绝路。

在生死存亡的关头，陈胜、吴广没有选择坐以待毙，而是毅然决定起义反抗。他们利用"鱼腹藏书"的迷信手段，在一条鱼的肚子里藏了一张写有"陈胜王"的帛书，然后让人将鱼烹熟吃掉，以此制造舆论，暗示陈胜将成为王者是天命所归。同时，他们还利用"篝火狐鸣"的现象，让士兵在夜晚围着篝火模仿狐狸的叫声，喊出"大楚兴，陈胜王"的口号，进一步鼓动人心。

在陈胜、吴广的精心策划下，起义的时机终于成熟。9月，他们率领着九百多名戍卒，在大泽乡揭竿而起，杀死了押送他们的秦朝军官，正式打响了反抗秦朝的斗争。他们提出了"王侯将相宁有种乎"的口号，号召百姓起来反抗秦朝的残暴统治，这一口号深深触动了广大贫苦农民的心弦，他们纷纷响应，加入起义的行列。

起义军迅速壮大,陈胜、吴广率领着这支由农民组成的军队,攻占了大泽乡,并很快向周边地区扩散。他们沿途攻城略地,势如破竹,很快便占领了蕲县(今安徽宿州南)。在这里,陈胜被拥立为王,号称"张楚",并建立了农民政权的组织和领导机构,标志着农民战争的全面爆发。

陈胜、吴广起义的爆发,如同星星之火,迅速点燃了秦朝各地的反抗之火。各地的百姓纷纷揭竿而起,响应起义军的号召,加入反抗秦朝的斗争。这些起义军虽然装备简陋、训练不足,但他们怀着对秦朝残暴统治的深仇大恨,战斗力极强,给秦朝的统治带来了严重的威胁。

农民战争的爆发,不仅是对胡亥暴政的直接反抗,也是秦朝末年社会矛盾激化的必然结果。这场战争从公元前209年开始,一直持续到公元前207年,经历了无数的战斗和牺牲,最终虽然以失败告终,但它却为大秦帝国的覆灭敲响了丧钟,也为后来刘邦建立汉朝奠定了基础。

六国复辟,秦朝孤立无援

在刘邦等人的带领下,起义军攻入了咸阳城,推翻了秦朝的统治。这段血腥而黑暗的历史长卷,终于到了翻篇的时刻。

在那烽火连天的岁月里,陈胜、吴广起义的烈焰如同狂风中的野火,迅速点燃了秦朝大地的反抗之火,也唤醒了六国遗民心中那沉睡已久的复国梦想。这场农民战争的浪潮,推动着曾经被秦朝铁蹄踏平的六国,纷纷揭开了复辟的序幕,让秦朝陷入了前所未有的孤立与绝境。

公元前209年的冬末春初,随着陈胜、吴广起义军的壮大与分裂,各地反秦的力量如雨后春笋般涌现。在这动荡不安的时节,六国的遗民们开始蠢蠢欲动,他们利用秦朝内部的纷争与起义军的牵制，悄然展开了复辟的宏图。

魏国，这个曾经的战国七雄之一，率先举起了复辟的大旗。公元前208年初春，魏国的遗民在魏咎的率领下，汇聚成一股不可小觑的力量，他们奋勇攻占了魏国的旧都大梁（今河南开封），并在那里高呼复国。魏咎自称魏王，他着手重建魏国的政权与军队，与秦朝展开了针锋相对的较量。

紧接着，齐国的复辟也如火如荼地展开了。同年春天，齐国的遗民在田儋、田荣等豪杰的带领下，集结起一支威猛的军队，他们势如破竹地收复了齐国的失地，并向四周扩张，让齐国的威名再次响彻四方。田儋自称齐王，田荣则担任相国，他们携手并肩，共同领导着齐国的复国大业。

赵国不甘落后，同年夏天，赵国的遗民在张耳、陈馀等人的引领下，重建了赵国的政权。他们英勇地攻占了赵国的旧都邯郸（今河北邯郸），并推举武臣为赵王。武臣登基后，赵国军民齐心协力，与秦朝展开了殊死搏斗，誓要夺回失去的土地与尊严。

与此同时，韩国也悄然掀起了复辟的浪潮。秋天时分，韩国的遗民在韩广的带领下，推举韩广为王，宣布复国。他们巧妙地利用秦朝内部的混乱与起义军的牵制，迅速占领了韩国的旧地，并着手重建韩国的政权与军队。韩国的复辟，点燃了韩国遗民心中的希望之光。

燕国的复辟则稍显迟缓，但同样坚定而有力。从公元前208年末至公元前207年初，燕国的遗民在臧荼的率领下，收复了燕国的失地，并宣布复国。臧荼自称燕王，他带领着燕国的军民，开始了复国的艰难征程。

最后复辟的是楚国，这个曾经威震天下的强国，其复辟之路充满了曲折与壮烈。公元前208年末，楚国的遗民在项梁、项羽等英雄的带领下，开始攻略楚国的旧地。他们英勇无畏地收复了失地，并向秦朝的心脏地带发起了猛烈的进攻。在项梁、项羽的英勇领导下，楚军如同猛虎下山，连战连胜，楚国的复辟势力迅速壮大。最终，在公元前207年初的巨鹿之战中，项羽以少胜多，大败秦军，为楚国的复辟奠定了坚不可摧的基础。

六国的复辟，如同六把锋利的利剑，共同刺向了秦朝的心脏。原本强大的秦朝，如今却四面楚歌，陷入了前所未有的孤立与危机之中。秦朝的军队在多方作战中疲于奔命，战斗力急剧下降。同时，秦朝内部的矛盾也愈演愈烈，朝政混乱不堪，官员们纷纷自保，无心应战。

在这风雨飘摇的时刻，秦朝的统治已经岌岌可危。尽管秦二世胡亥和赵高等人仍然试图通过残酷的镇压和阴谋手段来维持统治，但他们的努力终究无法挽回秦朝覆灭的命运。六国的复辟和农民起义军的进攻，如同两把熊熊燃烧的烈火，共同吞噬了秦朝这个短暂而残暴的王朝。最终，在刘邦等人的带领下，起义军攻入了咸阳城，推翻了秦朝的统治，结束了这段血腥而黑暗的历史，开启了新的历史篇章。

项羽与刘邦崛起,秦朝终结

> 随着秦朝的终结,一个新的时代缓缓拉开序幕。在这个波澜壮阔的时代里,项羽与刘邦将继续书写他们的英雄史诗。

随着六国遗民纷纷揭竿而起,秦朝这座曾经巍峨耸立的帝国大厦开始风雨飘摇。在这片烽火连天的土地上,两位杰出的领袖——项羽与刘邦,如同两颗耀眼的星辰,在历史的长河中熠熠生辉。他们的崛起,不仅为秦朝的覆灭敲响了丧钟,更为华夏大地带来了新的希望与变革。

项羽,这位出身名门望族的年轻勇士,以其无与伦比的武勇和深邃的军事智慧,在反秦的浪潮中脱颖而出。他率领的楚军犹如一股不可阻挡的狂飙,席卷了秦朝的每一寸土地。

巨鹿之战，是项羽军事生涯中的辉煌篇章。面对数倍于己的秦军，项羽展现出了超凡的指挥才能和过人的勇气。他巧妙布局，以少胜多，不仅歼灭了秦军的主力，更让秦朝的统治者感到了前所未有的恐慌。项羽的威名如同惊雷般震撼着整个天下，成为反秦力量的精神图腾。

与项羽的轰轰烈烈相比，刘邦的崛起则显得更为沉稳而内敛。这位出身平凡的领袖，以其敏锐的洞察力和卓越的领导才能，在反秦的斗争中逐渐崭露头角。他深知人才的重要性，因此广纳贤才，重用如张良、韩信、萧何等一批才华横溢的谋士和将领。他们共同为刘邦出谋划策，使得刘邦的势力日益壮大。

刘邦的军事策略灵活多变，他善于根据双方的实际情况制定战术。在攻打秦朝的过程中，刘邦充分利用了地形、兵力等有利条件，以弱胜强，屡建奇功。同时，他还十分注重民心所向，通过减轻百姓负担、恢复农业生产等措施，赢得了广泛的民众支持。这使得刘邦的势力如同滚雪球般越滚越大，最终成为反秦的一股中坚力量。

在项羽与刘邦的共同努力下，秦朝这座看似坚不可摧的堡垒开始土崩瓦解。秦朝的内部矛盾日益激化，官员们纷纷自保，无心应战。而外部的威胁也层出不穷，六国遗民的复辟势力与农民起义军相互呼应，共同对秦朝发起了猛烈的进攻。

公元前207年，刘邦的军队在历经千辛万苦后，终于攻入了咸阳城。这座曾经繁华一时的都城，如今已是一片废墟。秦朝的最后一个皇帝——子婴，在无奈之下只好投降，秦朝正式宣告灭亡。这个曾经统一六国的强大王朝，在历史的洪流中走到了尽头。

秦朝的终结，是历史发展的必然结果。它的灭亡，标志着中国历史上第一个统一王朝的覆灭，为后来的汉朝建立铺平了道路。项羽与刘邦的较量，也成为中国历史上一段传奇的佳话。他们各自率领的军队，在华夏大地上进行了一场场惊心动魄的战斗。这些战斗不仅考验了他们的军事才能和领导能力，更彰显了他们的英雄气概。

随着秦朝的终结，一个新的时代缓缓拉开序幕。而历史的车轮，也将继续滚滚向前，见证着中华民族的兴衰更替与辉煌未来。

帝王一生，功过参半

秦始皇的一生，如同一面镜子，映照出人性的光辉与阴暗，也是王朝兴盛与败落的缩影。

在历史的长河中，秦始皇以其非凡的才智和铁血的意志，照亮了华夏大地，也留下了无尽的争议与思索。他，嬴政，一个从赵国归来的质子，最终成为统一六国的千古一帝，其历史地位与评价，如同他那波澜壮阔的一生，功过参半，复杂多变。

功：开创大一统新纪元，奠定中华文明基石

秦始皇的最大功绩，莫过于他成功地将分裂数百年的中国重新统一，这一壮举不仅结束了战国时期的战乱纷争，更

如一股强劲的春风，吹散了长久以来的阴霾，为华夏大地带来了久违的和平与安宁。他，站在历史的转折点上，以一己之力，将七雄并立的格局改写为一统天下的新篇章。

秦始皇统一六国后，推行了一系列制度创新，这些制度如同坚固的基石，为后世的中国奠定了统一的基础。他废除了分封制，推行郡县制，将国家的行政权力牢牢掌握在中央手中，极大地削弱了地方势力，加强了中央集权。同时，他统一了度量衡、货币和文字，使得各地的交流变得更加便捷，促进了经济的繁荣和文化的融合。这些举措，如同一条条纽带，将广袤的中华大地紧紧相连，使得"书同文，车同轨"，中华民族的凝聚力得到了前所未有的增强。

秦始皇还以其非凡的胆识和远见，修建了长城和直道等工程。长城，蜿蜒万里，如同一条巨龙，守护着中原大地，抵御着外敌的侵扰。它的修建，不仅体现了秦始皇的军事才能，更展现了他对国家和民族的深厚情感。而直道的修建，则如同一条畅通的血脉，连接着帝国的各个角落，加强了中央与地方的联系，促进了经济的繁荣和文化的交流。

过：严苛统治下的民不聊生与文化浩劫

然而，秦始皇的统治也并非完美无缺。他实行的法家思想，强调严刑峻法，对百姓进行高压统治。沉重的赋税、繁重的徭役以及残酷的刑法，如同三座大山，压得百姓喘不过气来。特别是他晚年追求长生不老，大兴土木修建陵墓，更加剧了社会的矛盾与不满。阿房宫的奢华与壮丽，背后是无数百姓的血汗与泪水。秦始皇的严苛统治，如同一把双刃剑，虽然维护了帝国的稳定与统一，但也埋下了民怨四起的种子。

更为人所诟病的是秦始皇的"焚书坑儒"政策。他下令焚烧除了医药、卜筮、种树之书以外的所有书籍，企图以此消除思想的多样性，巩固自己的统治地位。然而，这一行为却严重摧残了文化，阻碍了思想的发展。书籍是智慧的载体，是文明的灯塔，而秦始皇的焚书之举，无疑是对文明的一次沉重打击。同时，他坑杀了大量的儒生和方士，这些无辜的学者本应是推动社会进步的力量，却成了政治斗争的牺牲品。这一事件，不仅让当时的学术界陷入了沉寂，更为后世的文化发展留下了难以磨灭的阴影。

功过并存，影响深远，历史与现实的镜鉴

对于秦始皇的评价，我们不能简单地以"好"或"坏"来概括。他既是一位伟大的统一者，也是一位严苛的统治者。他的功绩在于他成功地统一了中国，为后世的中国提供了一个相对稳定的政治环境，使得中华文明得以持续发展。他的过失则在于他的严苛统治和对文化的摧残，给人民带来了巨

大的痛苦，也为帝国的崩溃埋下了隐患。

秦始皇的一生如同一部跌宕起伏的历史剧，他的功过是非成为后人不断探讨和评价的话题。他的成功告诉我们统一的重要性，以及制度创新对于国家发展的关键作用。他的失败则提醒我们，任何权力的滥用和对人民的剥削，最终都会招致灾难性的后果。

秦始皇的历史地位与评价，既是对他个人的肯定与批判，也是对我们后人的警示与启迪。他的故事，如同一面镜子，映照出人性的光辉与阴暗，也让我们更加深刻地认识到，一个国家的强大，不仅仅取决于军事和经济的实力，更取决于对人民的关爱和对文化的尊重。在未来的历史长河中，秦始皇的名字将继续闪耀着光芒，成为我们不断探索和反思的历史话题，激励着我们不断前行，追求更加美好的明天。

附录一：

秦始皇年表：重要事件与时间线

序号	年份	年龄	重要事件
1	公元前259年	1岁	秦始皇嬴政出生于赵国都城邯郸。
2	公元前257年	3岁	父亲异人返回秦国。
3	公元前251年	9岁	秦昭襄王去世，孝文王继位，子楚被立为太子，嬴政随母亲赵姬归秦。
4	公元前250年	10岁	孝文王去世，子楚继位为庄襄王，嬴政的母亲赵姬被立为王后，嬴政被立为太子。
5	公元前247年	13岁	秦庄襄王去世,嬴政继位为王，尊吕不韦为相国。

(续表)

序号	年份	年龄	重要事件
6	公元前246年	14岁	开始修建郑国渠和秦始皇陵。
7	公元前239年	21岁	处理弟弟成蛟的叛变。
8	公元前238年	22岁	举行冠礼,平定嫪毐叛乱,开始独揽大政。
9	公元前237年	23岁	罢免吕不韦相位,吕不韦被迫自杀。
10	公元前236年	24岁	开始征战天下,王翦攻齐取九城。
11	公元前230年	30岁	灭韩国,俘虏韩王安,建立颍川郡,开始统一大业。
12	公元前228年	32岁	灭赵国,俘虏赵王迁。
13	公元前226年	34岁	灭燕国,燕王喜逃亡辽东。
14	公元前225年	35岁	灭魏国,俘虏魏王假。
15	公元前224年	36岁	灭楚国,俘虏楚王负刍。

(续表)

序号	年份	年龄	重要事件
16	公元前222年	38岁	灭越国，俘虏越王无疆。灭代国、燕国残余势力，设立南海、桂林、象郡。
17	公元前221年	39岁	灭齐国，完成统一大业，自称"始皇帝"，建立皇帝制度，实行中央集权，废除分封制，代以郡县制，统一文字、货币、度量衡。
18	公元前220年	40岁	首次巡游，修筑驰道。
19	公元前219年	41岁	第二次巡游，封禅泰山，修凿灵渠。东巡至峄山刻石以颂秦德。
20	公元前218年	42岁	第三次巡游，途中遭遇张良刺杀。
21	公元前215年	45岁	第四次巡游，派蒙恬率三十万大军北击匈奴，修筑长城。
22	公元前214年	46岁	平定百越，将岭南地区纳入秦朝版图，继续修筑长城。

(续表)

序号	年份	年龄	重要事件
23	公元前213年—公元前212年	47岁	焚书坑儒，加强思想控制。
24	公元前212年	48岁	修建直道，连接关中与北方边境，修建阿房宫。
25	公元前210年	50岁	第五次巡游途中驾崩于邢台沙丘。遗体被运回咸阳，安葬于骊山脚下。

附录二：

秦国重要历史人物介绍

序号	人物名称	关系／描述
1	秦庄襄王	秦国的王子，秦始皇嬴政的父亲。
2	赵姬	母亲，赵国的公主，秦庄襄王的夫人。
3	吕不韦	相国，曾在秦始皇幼年时把持朝政，对秦始皇的即位有重要影响。
4	嫪毐	长信侯，与赵姬有染并发动叛乱，被秦始皇镇压。
5	李斯	秦朝丞相，秦始皇的重要谋臣，参与制定多项重要政策，如书同文、车同轨等。
6	赵高	中车府令，秦始皇死后与李斯合谋篡改遗诏，扶植胡亥上台，加速了秦朝的灭亡。

(续表)

序号	人物名称	关系／描述
7	王翦	秦国名将，秦灭六国之战中的关键人物，几乎参与了所有灭国战争。
8	蒙恬	秦朝名将，北击匈奴，修筑长城，后被胡亥赐死。
9	扶苏	秦始皇长子，因赵高和李斯篡改遗诏而自杀，若继位可能改变秦朝命运。
10	胡亥	秦始皇第十八子，秦二世，昏庸无道，加速了秦朝的灭亡。
11	甘龙	秦国世族名臣，与秦始皇在某些政治理念上有所冲突。
12	蒙毅	秦朝大臣，蒙恬的弟弟，忠诚于秦始皇，曾任上卿。
13	王离	秦朝名将，王翦之孙，参与了秦朝末年的战争。
14	尉缭	军事家，为秦始皇出谋划策，提出了许多重要的军事战略。
15	冯去疾	秦朝右丞相，秦始皇时期的重要政治人物，曾留守咸阳。
16	冯劫	秦朝御史大夫，三公之一，与冯去疾同族，共同辅佐秦始皇。

(续表)

序号	人物名称	关系／描述
17	蒙骜	蒙恬的祖父,秦国名将,为秦始皇统一六国立下了汗马功劳
18	王贲	王翦之子,秦朝名将,参与了灭魏、齐等国的战争。
19	徐福	秦朝方士,受秦始皇之命东渡寻仙药。
20	卢生	秦朝方士,曾向秦始皇进献《录图书》,并谎称能找到长生不老药,实则逃离咸阳,其事还与"坑儒"事件相关联。

附录三：

战国末年其他国重要历史人物介绍

序号	人物名称	关系／描述
1	韩非子	法家思想的集大成者。虽为韩国公子，但不被韩王重用，后应秦王政之邀入秦，为秦国统一六国贡献了重要的法治思想。
2	李牧	战国末期赵国的名将，与白起、王翦、廉颇并称"战国四大名将"。长期驻守赵国北部边境，抵御匈奴的入侵，战功赫赫。后来又被调回国内，参与对秦国的作战，多次击退秦军的进攻。
3	项燕	战国末期楚国将领，曾率领楚军抗击秦军，楚亡前夕在淮南被秦将王翦击败，兵败被杀。

(续表)

序号	人物名称	关系／描述
4	太子丹	战国末期燕国太子，曾质于赵，后逃回燕国，策划荆轲刺秦，事败后被燕王喜斩杀。
5	荆轲	战国末期卫国人，受太子丹之托，携樊於期首级和燕督亢地图见秦王政，图穷匕见行刺未果，被秦王侍卫斩杀。
6	樊於期	战国末期秦国将领，因得罪秦王嬴政而逃到燕国，被太子丹收留，后为荆轲刺秦提供线索，并自刎献首助荆轲刺秦王。
7	后胜	战国末期齐国相国，收受贿赂与秦国勾结，劝齐王建不助五国抗秦，导致齐国灭亡。